Guttentag'sche Sammlung
Nr. 41. Deutscher Reichsgesetze. Nr. 41.
Text-Ausgaben mit Anmerkungen.

Börsengesetz.

Vom 22. Juni 1896.

Nebst den dazu erlassenen Ausführungsbestimmungen.

Text-Ausgabe mit Anmerkungen und Sachregister.

Unter Mitwirkung
des Kaiserl. Geheimen Ober-Regierungsrathes und vortragenden Rathes im Reichsamt des Innern

A. Wermuth

bearbeitet von

H. Brendel,
Gerichtsassessor, kommissar. Hülfsarbeiter im Reichsamt des Innern.

Berlin SW. 48.
Wilhelmstraße 119/120.
J. Guttentag, Verlagsbuchhandlung.
1897.

Inhaltsverzeichniß.

Abkürzungen.

B.E.K. = Bericht der Börsen-Enquetekommission. Berlin 1893. Gedruckt in der Reichsdruckerei.

Motive = Begründung des Entwurfs eines Börsengesetzes, Nr. 14 der Drucksachen des Reichstags. 9. Legislatur-Periode, IV. Session 1895/96.

K.B. = Bericht der IX. Kommission zur Vorberathung des Entwurfs eines Börsengesetzes, Nr. 246 der Drucksachen des Reichstags, 9. Legislatur-Periode, IV. Session 1895/96.

R.T.B. = Verhandlungen des Reichstags, stenographischer Bericht. 9. Legislatur-Periode, IV. Session 1895/96.

C.P.O. = Civilprozeßordnung.

H.G.B. = Allgemeines deutsches Handelsgesetzbuch.

St.G.B. = Strafgesetzbuch.

R.G. = Entscheidungen des Reichsgerichts in Civilsachen.

R.O.H.G. = Entscheidungen des Reichsoberhandelsgerichts.

Saling = Saling's Börsen-Papiere, Erster (allgemeiner) Theil, 5. Auflage.

Olshausen = Kommentar zum Strafgesetzbuch für das Deutsche Reich von Dr. Justus Olshausen. 2. Aufl.

Einleitung.

A. Geschichtlicher Ueberblick.

Wie das Gesetz, betreffend die Pflichten der Kaufleute bei Aufbewahrung fremder Werthpapiere, das sogenannte Depotgesetz, ist das Börsengesetz vom 6. Juni 1896 das Ergebniß einer seit Jahren auf die Abstellung von Mißständen im Börsengetriebe gerichteten Reformbewegung. Während aber das Depotgesetz nur dem größeren Schutze des Publikums gegen Veruntreuung hinterlegter Werthe dient, erstreckt sich das Börsengesetz auf das gesammte Gebiet des Börsenwesens. Für ein organisatorisches Eingreifen der Gesetzgebung fehlte es hier zunächst an ausreichenden Unterlagen. Um diese zu beschaffen, wurde der Weg der Veranstaltung einer Enquete gewählt, in welcher die auf den Börsenverkehr und die Stellung der Börsen im Allgemeinen bezüglichen thatsächlichen und rechtlichen Fragen einer eingehenden Prüfung unterzogen werden sollten. Unter dem 6. Februar 1892 berief demgemäß der Reichskanzler die Börsen-Enquetekommission. Diese wurde durch einen von ihm ernannten Vorsitzenden geleitet und war aus Beamten der betheiligten Bundesregierungen, ferner aus Vertretern der Wissenschaft, sowie der am Börsenhandel betheiligten oder von demselben beeinflußten Kreise zusammengesetzt. Die Kommission trat am 6. April 1892 zusammen und beendete ihre Thätigkeit nach Abhaltung von 93 Sitzungen am 25. November 1893. Sie hat es sich angelegen sein lassen, über die an den hauptsächlichsten deutschen und ausländischen Börsenplätzen geltenden gesetzlichen Vorschriften, Statuten und Handelsgebräuche Nachrichten einzuziehen, und außerdem reichhaltige statistische Zusammenstellungen über die Ausgabe von Werthpapieren, über die Kursbewegungen und Anderes beigebracht. Ferner sind von ihr 115 Sachverständige, und zwar 39 dem Effektenverkehr, 16 dem Getreidehandel, 10 der Landwirthschaft, 10 der Müllerei, 9 dem Kaffeehandel, 6 dem Spiritus-, 7 dem Zucker-, 5 dem Textil-Geschäftszweige, 8 der Wissenschaft und der Rechtspflege, 5 der Presse angehörig vernommen worden, deren Aussagen in wortgetreuer Wiedergabe stenographisch aufgezeichnet wurden. Das durch diese Vernehmungen gewonnene Bild des Börsengetriebes ist noch durch schriftliche Gutachten und Referate einzelner Sachverständiger und Kommissionsmitglieder, sowie durch Auszüge aus der Rechtsprechung des Reichsgerichts, betreffend den Einwand des Differenzgeschäfts, ergänzt worden.

Unter Berücksichtigung der so erhaltenen Aufklärungen hat sich die Börsen-Enquetekommission durch Mehrheitsvoten über die zu empfehlenden Maßregeln schlüssig gemacht und formulirte Vorschläge für gesetzgeberische und administrative Anordnungen ausgearbeitet. In einem ausführlichen, unter dem 11. November 1896 an den Reichskanzler unter Beifügung sämmtlicher Materialien erstatteten Bericht, in welchem aber auch die Anschauungen der Minderheit hervorgehoben wurden, sind diese Vorschläge eingehend begründet.

Der Bericht der Enquetekommission wurde demnächst von dem Reichskanzler nebst sämmtlichen Anlagen dem Bundesrathe und dem Reichstage mitgetheilt.*) Der Letztere beschloß in der Sitzung vom 19. April 1894 bei Gelegenheit der Berathung des Gesetzes über die Erhebung der Reichs-Stempelabgaben:

„Die verbündeten Regierungen zu ersuchen, auf Grund der Ergebnisse der Börsenenquete ein Börsengesetz thunlichst bald vorzulegen."

Nach Beendigung der noch weiter erforderlichen legislatorischen Vorarbeiten ging dem Reichstage am 3. Dezember 1895 zugleich mit dem Entwurfe des obenerwähnten Gesetzes, betreffend die Pflichten der Kaufleute bei Aufbewahrung fremder Werthpapiere, der Entwurf eines Börsengesetzes nebst Begründung, wie solcher vom Bundesrath beschlossen worden, zur verfassungsmäßigen Beschlußnahme zu (Drucksachen des Reichstags Nr. 14, 9. Legislaturperiode, IV. Session 1895/96). Nach Beendigung der ersten Lesung, welche am 9., 10. und 11. Januar 1896 (Verhandlungen des Reichstages, steno-

*) Bericht sowie Anlagen sind veröffentlicht: Berlin, 1893. Gedruckt in der Reichsdruckerei.

graphischer Bericht S. 200—222, 223—255 und 257 bis 266) stattfand, überwies der Reichstag den Entwurf einer Kommission von 21 Mitgliedern zur Vorberathung. Diese*) hielt 27 Sitzungen ab, von denen 18 auf die erste, 9 auf die zweite Lesung entfielen. Ihre Vorschläge, welche nicht unwesentliche Verschärfungen der Bundesrathsvorlage enthielten, wurden in einem eingehenden Berichte zusammengefaßt (Drucksachen des Reichstags Nr. 246, 9. Legislaturperiode, IV. Session 1895/96). Im Plenum des Reichstags kam das Gesetz am 28., 29., 30. April und 1. Mai 1896 (Verhandlungen des Reichstags, stenographischer Bericht S. 1955—1984, 1987—2013, 2015

---

*) Der IX. Kommission gehörten an: v. Podbielski, Vorsitzender. Gamp, Berichterstatter. Graf v. Arnim, Fischbeck. Frese. Fuchs. Dr. Hahn. Graf v. Kanitz. Müller (Fulda). Müller (Waldeck). Graf v. Oriola. Dr. Paasche. Placke. Radwanski. Fürst Radziwill. Dr. Schoenlank. Singer. v. Strombeck. Timmermann. Traeger. Wenzel.

In Vertretung der verbündeten Regierungen wohnten den Sitzungen bei:

1. die Bevollmächtigten zum Bundesrath:

der Vizepräsident des Staatsministeriums, Königlich preußischer Staatsminister, Staatssekretär des Innern Dr. v. Boetticher,

der Königlich preußische Staatsminister und Minister für Handel und Gewerbe Freiherr v. Berlepsch,

der Unterstaatssekretär im Reichsamt des Innern Rothe,

der Königlich bayerische Ministerialdirektor Freiherr v. Stengel, bis 2043 und 2045—2065) in zweiter, am 5. und 6. Juni (Verhandlungen des Reichstags, stenographischer Bericht S. 2409—2431 und 2433—2456) in dritter Lesung zur Berathung und wurde mit mehrfachen Aenderungen, von welchen als wesentlichste die Aufnahme des Verbots des börsenmäßigen Terminhandels in Getreide und Mühlenfabrikaten (§ 50 Abs. 3) hervorzuheben ist, angenommen. Nachdem demnächst der Bundesrath den Beschlüssen des Reichstags beigetreten war, wurde das Allerhöchst voll-

---

der Königlich sächsische Gesandte Graf zu Hohenthal und Bergen,
der Königlich württembergische Regierungsdirektor v. Schicker,
der Senator der Freien und Hansestadt Lübeck Dr. Klügmann;

2. die Kommissarien des Bundesraths:
der Präsident des Reichsbank-Direktoriums Wirklicher Geheimer Rath Dr. Koch,
die Kaiserlichen Geheimen Ober-Regierungsräthe Wermuth und Dr. Hoffmann,
der Kaiserliche Geheime Regierungsrath Dr. Dungs,
der Kaiserliche Reichsbankdirektor Schmiedicke,
der Königlich preußische Geheime Ober-Regierungsrath Dr. Ullmann,
die Königlich preußischen Geheimen Regierungsräthe Lusensky und Conrad,
der Königlich sächsische Geheime Regierungsrath Dr. Roscher,
der Hülfsarbeiter im Königlich preußischen Ministerium für Landwirthschaft, Domänen und Forsten Generalsekretär Dr. Mueller.

zogene „Börsengesetz vom 22. Juni 1896" am 24. Juni 1896 im Reichs-Gesetzblatt (Nr. 15 S. 157 ff.) publizirt.

B. Gliederung und Inhalt des Gesetzes.

Hinsichtlich seiner äußeren Gliederung schließt sich das Gesetz an die Eintheilung der Börsen-Enquetekommission an. Von letzterer sind als Gebiete, auf denen eine Reform des Börsenwesens und des mit diesem im Zusammenhange stehenden Geschäftsverkehrs erforderlich erscheint, bezeichnet worden:

I. die rechtliche Stellung und Organisation der Börse;
II. das Emissionswesen;
III. der Terminhandel und das Börsenspiel;
IV. das Maklerwesen und die Kursfeststellung;
V. das Kommissionsgeschäft.

Indem das Gesetz die Bestimmungen über die Kursfeststellung und das Maklerwesen denjenigen über die Börsenorganisation folgen läßt und die Strafbestimmungen in einem besonderen Theile zusammenstellt, gelangt es zu folgenden sechs Abschnitten:

I. Allgemeine Bestimmungen über die Börse und deren Organe (§§ 1—28);
II. Feststellung des Börsenpreises und Maklerwesen (§§ 29—35);
III. Zulassung von Werthpapieren zum Börsenhandel (§§ 36–47);
IV. Börsenterminhandel (§§ 48–69);

V. Kommissionsgeschäft (§§ 70—74);

VI. Straf- und Schlußbestimmungen (§§ 75—82).

Die Schwierigkeiten, welche sich der reichsgesetzlichen Regelung des Börsenwesens auf den bezeichneten Gebieten entgegenstellten, bestanden, abgesehen von einem ungewöhnlich lebhaften Gegensatze der Interessen und Meinungen, welcher in den Berathungen der Börsen-Enquetekommission, in der die einschlägigen Fragen behandelnden Litteratur,*) den vielfachen Aeußerungen aus den betheiligten Kreisen und den Verhandlungen des Reichstags scharf zum Ausdruck kam, vor Allem darin, daß die geschichtlichen Grundlagen, auf denen die verschiedenen Börsen Deutschlands erwachsen sind, wesentlich von einander abweichen. Wie die Motive (S. 16) besagen, ist die Aufstellung bestimmter Normen schon in formeller Hinsicht leichter für die Börsen, welche bereits eine feste äußere Organisation besitzen, als in Betreff derjenigen Börsen, die sich ihrer Entwickelung nach als freie Vereinigungen von Kaufleuten und anderen Geschäftstreibenden zu geschäftlichen Verabredungen jeder Art betrachten und daher dem Eingreifen der Staatsgewalt Hindernisse bereiten.**) Den Verhältnissen der letzteren Art steht das

---

*) Die einschlägige Litteratur ist zusammengestellt in dem Juristischen Litteraturblatt 1895. Bd. 7 S. 221 ff.

**) Vergl. bezüglich der bisherigen Organisation der deutschen Börsen: Anlagen zum Bericht der Börsen-Enquetekommission: Die hauptsächlichsten Börsen Deutschlands und des Auslandes, Berlin 1892, gedruckt in der Reichsdruckerei.

Gesetz, im Anschluß an den die Interessengegensätze möglichst vermittelnden Standpunkt der Enquetekommission insofern schonend gegenüber, als es zwar diejenigen Maßregeln, welche aus allgemeinen wirthschaftlichen Interessen nothwendig erscheinen, auf alle inländischen Börsen ohne Unterschied erstreckt, im Uebrigen jedoch der Bethätigung der auf historisch gesunder Grundlage entwickelten Eigenart der einzelnen Börsenplätze freien Raum läßt.

Dementsprechend weist das Gesetz neben den sachlichen Vorschriften, welche es selbst trifft, dem Bundesrathe noch eine Reihe von Anordnungsbefugnissen zu, überläßt aber in anderen Punkten die Regelung des Börsenwesens den Landesregierungen oder den Organen der einzelnen Börsen.*) Ausschließlich den Landesregierungen übertragen ist die fortlaufende Aufsicht über die Börsen (§ 1). Von einer Betheiligung des Reichs an dieser Aufsicht ist abgesehen worden, weil es an Reichsorganen fehlt, welche zur unmittelbaren Einwirkung auf die Börsenverhältnisse geeignet sind und weil die Prüfung und Berücksichtigung der örtlichen Verhältnisse und Bedürfnisse im Einzelnen nicht wohl Sache der Reichsgewalt sein kann. Immerhin aber erheischt es das Allgemeininteresse

*) Dem Bundesrath zustehende Befugnisse enthalten die §§ 2 Abs. 2, 3 Abs. 2 und 3, 6, 17 Abs. 2 und 3, 35 Abs. 1, 42 Abs 1 und 2 und 50 Abs. 1.

Den Landesregierungen zugewiesene Angelegenheiten zählen auf die §§ 1, 2 Abs. 1, 4 Abs. 2, 7 Abs. 4, 9, 30, 32, 35 Abs. 2, 38 Abs. 3, 39, 42 Abs. 3, 54 und 57 Abs. 3.

und entspricht es der Absicht des Gesetzes, daß ein fortdauerndes Benehmen der Reichsverwaltungsbehörden mit den Landesregierungen gewahrt wird. Diese Tendenz kommt in den §§ 35 Abs. 2 und 42 Abs. 3 zum Ausdruck, nach denen die Landesregierungen verpflichtet werden, von bestimmten Maßregeln den Reichskanzler in Kenntniß zu setzen. Dem Letzteren ist außerdem auf dem Gebiete des Börsenterminhandels ein besonderer Einfluß dadurch eingeräumt, daß nach § 49 Abs. 2 allgemein die Zulassung von Waaren zum börsenmäßigen Terminhandel erst dann erfolgen darf, wenn der Reichskanzler erklärt hat, daß er zu weiteren Ermittelungen keine Veranlassung finde.

Die gesetzliche Regelung der oben bezeichneten Gebiete des Börsenwesens hier im Einzelnen eingehend darzulegen, würde zu weit führen, sie ist daher in Folgendem nur in knappen Umrissen gekennzeichnet worden.

Abschnitt I.

Allgemeine Bestimmungen über die Börsen und deren Organe.

Den Ausgangspunkt für weitere organisatorische Bestimmungen schafft das Gesetz dadurch, daß es im § 1 sämmtliche Börsen der staatlichen Aufsicht unterstellt und den Landesregierungen eine entscheidende Einwirkung nicht nur auf das Entstehen und Bestehen der Börsen, sondern, vermöge des Einflusses auf den Inhalt der nach § 4 für jede Börse zu erlassenden Börsenordnung, auch auf die

Gestaltung und Regelung des Geschäftsverkehrs an denselben einräumt. In welcher Weise und durch welche staatlichen Organe die Landesregierungen das Recht und die Pflicht der obersten Aufsicht ausüben wollen, ist ihrer Entschließung überlassen. Um jedoch die dauernde und unmittelbare Fühlung zwischen der Landesregierung und der einzelnen Börse zu sichern, sind nach § 2 bei den Börsen Staatskommissare zu bestellen. Als Organe der Landesregierung sollen dieselben den Geschäftsverkehr an den Börsen, sowie die Befolgung der gesetzlichen und verwaltungsrechtlichen Vorschriften überwachen und über etwaige Mißstände berichten.

Der § 3 schreibt die Bildung eines Börsenausschusses vor. Die Aufgabe desselben ist, als jederzeit bereites Sachverständigenorgan, in welchem die Interessen sämmtlicher von dem Börsenwesen berührter Berufs- und Erwerbszweige vertreten sind, dem Bundesrathe durch Erstattung von Gutachten die Erledigung der seiner Beschlußfassung überwiesenen vielseitigen Angelegenheiten zu erleichtern.

Besondere Bedeutung ist weiterhin den die Börsendisziplin regelnden Vorschriften des ersten Abschnitts beizumessen, da eine energische und gewissenhafte Handhabung derselben als eins der geeignetsten Mittel erscheint, den im Börsenverkehr hervorgetretenen Uebelständen entgegenzuwirken. Gewissermaßen als Ausfluß des Rechts der Hauspolizei legt § 8 den mit der Börsenleitung betrauten Personen, den Börsenvorständen, die Befugniß bei, Störungen der äußeren Ordnung und des Geschäftsverkehrs durch sofortiges Einschreiten zu beseitigen und außerdem mit zeitweiser Ausschließung vom Börsenbesuche oder mit Geldstrafe zu ahnden, während die §§ 9—26 das Einschreiten gegen schwerere Verfehlungen der Börsenbesucher betreffen. Einem an jeder Börse aus Personen, die ihrem Berufe nach zu den den Börsenhandel betreibenden und vermittelnden Erwerbszweigen gehören, gebildeten Ehrengerichte liegt es ob, Börsenbesucher, welche im Zusammenhange mit ihrer Thätigkeit an der Börse unehrenhaft gehandelt haben, zur Verantwortung zu ziehen und, falls es die Schwere des Falles erforderlich erscheinen läßt, dauernd aus dem Börsenverkehr zu entfernen (§§ 10 u. 15). Mit Rücksicht auf das öffentliche Interesse an der Reinhaltung der Börsen von unlauteren Elementen ist der Staatskommissar zur Mitwirkung bei dem ehrengerichtlichen Verfahren berufen (§§ 11 ff.) Hand in Hand mit dem Ehrengerichte hat er die Untersuchung der einer ehrengerichtlichen Ahndung unterliegenden Vorgänge zu betreiben und vom Standpunkt des öffentlichen Interesses aus auf die sachgemäße und nachdrückliche Durchführung des Verfahrens hinzuwirken.

Abschnitt II.

Feststellung des Börsenpreises und Maklerwesen.

Die sicherste Garantie für eine richtige und zuverlässige Bewerthung der börsengängigen Waaren und Werthpapiere sieht das Gesetz in Uebereinstimmung mit der Börsen-Enquetekommission in der unter amtlicher

Kontrole erfolgenden Feststellung des Börsenpreises. Eine derartige Notirung allgemein durchzuführen, stößt jedoch besonders an den hanseatischen Börsen mit Rücksicht auf ihren ausgedehnten Ein- und Ausfuhrverkehr und die Konzentrirung des gesammten Geschäftslebens an der Börse auf praktisch schwer überwindbare Hindernisse. Das Gesetz sieht deshalb davon ab, die amtliche Feststellung des Börsenpreises allgemein für alle Gegenstände des Börsenhandels zu verlangen, überläßt es vielmehr den Börsenordnungen, den Umfang derselben der Eigenart des Handelsverkehrs an der Börse entsprechend zu bestimmen. Um aber zu verhindern, daß in Zukunft der amtlich kontrolirten Preisnotirung auch ein Geschäftsverkehr in solchen Waaren entzogen bleibt, hinsichtlich welcher der im Interesse der Allgemeinheit oder besonders betheiligter Erwerbszweige wünschenswerthen amtlichen Preisfeststellung erhebliche und beachtenswerthe Bedenken nicht entgegenstehen, ist dem Bundesrath durch § 35 Ziffer 2 die Befugniß beigelegt, eine amtliche Feststellung des Börsenpreises bestimmter Waaren allgemein oder für einzelne Börsen vorzuschreiben. In Bezug auf den Börsenhandel in Werthpapieren ist eine gleiche Befugniß dem Bundesrath nicht gegeben, weil durch die Beschränkung des Selbsteintrittsrechts des Kommissionärs auf solche Werthpapiere, bei denen ein Börsenpreis amtlich festgestellt wird (§ 71 Abs. 1) die erforderliche Verallgemeinerung der amtlichen Feststellung des Börsenpreises im Effektenhandel zu erwarten steht. — Insoweit nun, sei es auf Grund der Regelung in den Börsenordnungen oder auf Grund der Bestimmung des Bundesraths, eine amtliche Feststellung des Börsenpreises stattfindet, legt § 29 diese Funktion in die Hand des Börsenvorstandes als des in erster Linie dazu berufenen Organs. Da es jedoch dem Börsenvorstande nicht möglich sein wird, allein das erforderliche Material zu sammeln, so stellt ihm der § 30 in den Kursmaklern Hilfspersonen mit vorbereitender Thätigkeit zur Seite. Auf Grund der von diesen beigebrachten Angaben und seiner eigenen Wahrnehmungen hat der Börsenvorstand als Börsenpreis denjenigen Preis festzusetzen, welcher der wirklichen Geschäftslage des Verkehrs an der Börse entspricht. (§ 29 Abs. 3).

Es ist hierbei jedoch hervorzuheben, daß das Gesetz in den §§ 29 ff. die zwar grundsätzlich wünschenswerthe allgemeine Regelung der amtlichen Preisfeststellung vorschreibt, mit Rücksicht auf die Verschiedenartigkeit der zur Zeit vorhandenen Einrichtungen*) und die Besonderheit der Verhältnisse an manchen Börsen aber durch § 35 Ziffer 1 unter der Voraussetzung der Zustimmung des Bundesraths eine hiervon abweichende amtliche Feststellung des Börsenpreises ermöglicht.

Abschnitt III.

Zulassung von Werthpapieren zum Börsenhandel.

Das dritte Gebiet der Börsenreform, auf welches sich das Gesetz erstreckt, ist die Zulassung von Werthpapieren

*) Vgl. Anlagen zum Bericht der Börsen-Enquete-kommission: Die hauptsächlichsten Börsen Deutschlands und des Auslandes. Berlin 1892.

zum Börsenhandel. Hier handelt es sich darum, einen größeren Schutz gegen die Einführung unsicherer Werthe zu schaffen, um das Publikum gegen schwere Verluste möglichst zu sichern, wie sie ihm in dem letzten Jahrzehnt, besonders in ausländischen Papieren, welche einige Jahre vor dem Kurssturze unter anscheinend günstigen Aussichten zur Einführung gelangt waren, zugefügt sind. Zu diesem Zwecke sieht das Gesetz einerseits hinsichtlich der einzuführenden Werthe eine allgemeinere und eingehendere Kontrole als bisher vor und legt andererseits den Emissionshäusern eine über den dolus hinausgehende Haftung für ihre Emissionen auf. Durch § 36 wird die Entscheidung über die Zulassung zum Börsenhandel einer an jeder Börse zu bildenden Kommission, der Zulassungsstelle, übertragen, welche in ihrer Zusammensetzung eine Gewähr dafür bietet, daß nicht einseitige Interessen für die Beurtheilung des zuzulassenden Werthes maßgebend sind. Eine auch nur moralische Verantwortung für die Güte desselben übernimmt die Zulassungsstelle jedoch nicht. Daß Emissionen nicht zugelassen werden dürfen, durch welche erhebliche allgemeine Interessen geschädigt werden, oder welche offenbar zu einer Uebervortheilung des Publikums führen, ist selbstverständlich. Soweit solche zweifelsfreien Merkmale nicht vorliegen, erstrecken sich die Aufgaben der Zulassungsstelle im Wesentlichen auf die formelle Prüfung der Unterlagen des einzuführenden Werthes und auf die Sorge dafür, daß in dem nach § 38 vor der Einführung in den Börsenhandel zu veröffentlichendem Prospekte dem Publikum sämmtliche

Thatsachen mitgetheilt werden, deren Kenntniß für die Beurtheilung des Werthes erheblich erscheint. Die weitere Prüfung, ob und inwieweit der eingeführte Werth zur Kapitalanlage sich eignet, bleibt dem Publikum überlassen.

Mit dem durch § 38 gesetzlich festgelegten Prospektzwange steht die Regelung der Haftung derjenigen, die das Werthpapier an der Börse zur Einführung bringen, im Zusammenhange. Durch den Prospekt wendet sich das Emissionshaus an das Publikum, auf Grund der in ihm enthaltenen Darlegungen entschließt sich der Kapitalbesitzer zum Erwerbe. Die Unvollständigkeit und Unrichtigkeit der in dem Prospekt gemachten Angaben bildet also die Grundlage der Verantwortlichkeit des Emissionshauses. Diese Verantwortlichkeit ist in den §§ 43—46 einerseits dem Interesse des Publikums entsprechend ausgedehnt, andrerseits jedoch derart umgrenzt, daß sie das Emissionsgeschäft nicht Gefahren aussetzt, durch welche gerade die zuverlässigeren Institute von der Emissionsthätigkeit zurückgeschreckt werden könnten.

Abschnitt IV.

Börsenterminhandel.

Die auf dem Gebiete des Börsenterminhandels hervorgetretenen, unleugbaren und mannigfachen Ausartungen haben der Börsenreformbewegung einen starken Stützpunkt gegeben und besonders heftige Angriffe auf das Börsengetriebe hervorgerufen. Die Mißstände bestehen zum großen Theil darin, daß die Möglichkeit, am

Börsenterminhandel mit geringen Mitteln theilzunehmen, die leichte Art des Geschäftsabschlusses und der meist lediglich durch Begleichung der Kursdifferenzen erfolgenden Abwickelung ein Hinzudrängen und Heranziehen von Personen zur Folge hat, deren Betheiligung nicht aus ihrem Berufe oder dem Bedürfniß gesunder Kapitalanlage, sondern allein aus dem Verlangen entspringt, die Preisschwankungen mit möglichst hohem Gewinne auszunutzen. Die übermäßige Theilnahme von Personen am Börsenterminhandel, welche durch die Gewinnchancen verleitet die Gefahr des Fehlschlagens ihrer Spekulation unterschätzen, führt aber fortdauernd den wirthschaftlichen Zusammenbruch zahlreicher Existenzen und hierdurch eine empfindliche Schädigung des Nationalwohlstandes herbei. Andrerseits hat der zu Spekulationszwecken erweiterte Geschäftsbetrieb, indem er mit thatsächlich nicht vorhandenen Mengen rechnet und sich nicht in den Grenzen wirthschaftlich begründeten Angebots und wirthschaftlich berechtigter Nachfrage hält, Störungen der natürlichen und richtigen Bewerthung zur Folge. Besonders in dem Gebiete des Waarenhandels hat dies zu vielfachen Unzuträglichkeiten geführt. Hinzukommt, daß Werthpapiere wie Waaren in den Kreis des Börsenterminhandels gezogen werden, obwohl das Interesse der mit dem Effekt verknüpften Unternehmungen und der die Waare produzirenden und umsetzenden Erwerbs- und Handelszweige dem widerspricht.

Abgesehen von seiner mißbräuchlichen Ausdehnung und Anwendung vermag jedoch der Börsenterminhandel den Umsatz in den für diese Handelsform geeigneten Waaren wie Werthpapieren vortheilhaft zu beeinflussen, indem er zur Ausgleichung der Waarenpreise für längere Zeitperioden beiträgt, die Möglichkeit einer Versicherung gegen Preisschwankungen schafft, die Regelung internationaler Zahlungsverbindlichkeiten erleichtert und die Grundlage für den Arbitrageverkehr im Allgemeinen bietet. Dementsprechend erkennt das Gesetz den Börsenterminhandel an sich als berechtigte Form des Handelsverkehrs an, tritt aber den gekennzeichneten Ausartungen dadurch entgegen, daß es:

1. neben den im § 50 Abs. 2 u. 3 bereits ausgesprochenen Verboten des Börsenterminhandels in Antheilen von Bergwerks- und Fabrikunternehmungen, sowie in Getreide und Mühlenfabrikaten, die gesetzliche Möglichkeit schafft, dem Kreise von Waaren und Werthpapieren, die dem Börsenhandel unterworfen werden, noch mehr verengerte Grenzen zu ziehen; und
2. die Fähigkeit, rechtlich wirksame Börsentermingeschäfte abzuschließen, an bestimmte Voraussetzungen knüpft.

Die Entscheidung über die Zulassung von Waaren und Werthpapieren ist hiernach zwar grundsätzlich den Börsenorganen überlassen (§ 49), jedoch wird es dem Bundesrathe durch § 50 Abs. 1 vorbehalten, im Falle des Mißbrauchs und des Aufeinanderstoßens der Interessen der am Börsenverkehr und der an dem betreffenden

Handelswerthe betheiligten Erwerbs- und Produktionszweige in den Betrieb des Börsenterminhandels einzugreifen.

Dem Zweck, von der Betheiligung am Börsenterminhandel Personen möglichst fernzuhalten, welche diese Geschäftsart ohne wirthschaftliche Berechtigung, lediglich zur Befriedigung ihrer Spekulationssucht benutzen, dient die Einführung des Börsenregisters (§ 54 ff.). Die Eintragung in dasselbe ist nach § 66 Abs. 1 die gesetzliche Voraussetzung der Begründung eines Schuldverhältnisses aus einem Börsentermingeschäfte. Zu Unrecht ist das Börsenregister als „schwarze Liste" vielseitig angefeindet worden. Es ist dazu bestimmt, die Namen der Handelstreibenden aufzunehmen, welche kraft ihrer Stellung im Wirthschaftsleben zur Theilnahme am Börsenterminhandel berufen erscheinen. Diesen Standpunkt betonen die Motive, indem sie (S. 43) besagen:

„Wer eine wirthschaftlich berechtigte Veranlassung hat, sich des Börsenterminhandels als eines Mittels zur Erleichterung und Sicherung seiner geschäftlichen Unternehmungen dauernd oder für wichtige Einzeltransaktionen zu bedienen, wird und kann ohne Bedenken dazu schreiten, seine dahingehende Absicht durch den formellen Akt des Eintragungsantrages zu bekräftigen und zur öffentlichen Kenntniß zu bringen, während gerade die Nothwendigkeit, mit dem Vorhaben der Betheiligung vor die Oeffentlichkeit zu treten, einen großen Theil derjenigen zurückhalten wird, welche den Terminhandel nur zur Erlangung eines Spielgewinns verwerthen wollen."

Abschnitt V.

Kommissionsgeschäft.

Der meistumstrittene Punkt auf dem Gebiete des Kommissionsgeschäfts ist das Selbsteintrittsrecht des Kommissionärs. Die gesetzliche Grundlage dieser Befugniß bildete bisher der Artikel 376 des Handelsgesetzbuches.*) Die in der Litteratur wie in den Verhandlungen der Börsen-Enquetekommission gegen die Beibehaltung des Rechtes

*) Art. 376 H.G.B. lautet:

Bei der Kommission zum Einkauf oder zum Verkauf von Waaren, Wechseln und Werthpapieren, welche einen Börsenpreis oder Marktpreis haben, ist der Kommissionär, wenn der Kommittent nicht ein Anderes bestimmt hat, befugt, das Gut, welches er einkaufen soll, selbst als Verkäufer zu liefern; oder das Gut, welches er zu verkaufen beauftragt ist, als Käufer für sich zu behalten.

In diesem Falle ist die Pflicht des Kommissionärs, Rechenschaft über die Abschließung des Kaufs oder Verkaufs zu geben, auf den Nachweis beschränkt, daß bei dem berechneten Preise der Börsenpreis oder Marktpreis zur Zeit der Ausführung des Auftrages eingehalten ist. Er ist zu der gewöhnlichen Provision berechtigt und kann die bei Kommissionsgeschäften sonst regelmäßig vorkommenden Unkosten berechnen.

Macht der Kommissionär nicht zugleich mit der Anzeige über die Ausführung des Auftrages eine andere Person als Käufer oder Verkäufer namhaft, so ist der Kommittent befugt, den Kommissionär selbst als Käufer oder Verkäufer in Anspruch zu nehmen.

zum Selbsteintritt erhobenen Bedenken gehen im Wesentlichen darauf hinaus, daß der Kommissionär, wenn es ihm freisteht, in Ausübung des Selbsteintrittsrechts bei der Einkaufskommission als Verkäufer zu liefern, bei der Verkaufskommission als Käufer zu erwerben, diese Möglichkeit dazu ausnutzen könne, seine Auftraggeber, sei es durch Ertheilung falscher Rathschläge, sei es durch Beeinflussung und unreelle Ausbeutung der Kursschwankungen zu übervortheilen und zu schädigen.*) Läßt sich nun auch diesen Bedenken eine gewisse Berechtigung nicht absprechen, so stehen doch den Mängeln derartig große, in der Ermöglichung schneller und kostensparender

*) In dieser Hinsicht ist hervorzuheben das „Schneiden am Kurse" und das „Spekuliren auf dem Rücken des Kommittenten". Die Möglichkeit hierzu ist gegeben, wenn für den betreffenden Handelswerth mehrere Kurse während derselben Börsenzeit notirt werden. „Ein Beispiel wird dies klar machen: Der Kommittent hat den Auftrag zum Ankauf per ultimo von 100 000 Mk. „Harpenern" ertheilt. Der erste Kurs setzt mit 138 ein, geht auf 139, dann auf 140, um schließlich wieder auf 139 anzukommen. Ist nun der betreffende Bankier in der Lage, aus seinen eigenen Beständen die Papiere zu liefern oder zieht er es vor, sich noch nicht zu decken, so kann er offenbar dem Kunden ohne Weiteres einen dieser Kurse — hier natürlich den höchsten — anrechnen und zu diesem als Verkäufer auftreten; denn das geltende Recht verpflichtet ihn nicht zur Absendung der Ausführungsanzeige während der Börsenzeit. Macht aber der Bankier in Ausführung des Auftrages ein Geschäft mit einem Dritten, so ist Folgendes möglich: er kauft — in obigem Beispiel — zu 138 und setzt dem

Abwicklung des geschäftlichen Verkehrs begründete Vorzüge gegenüber, daß gerade vom Standpunkte des Kommittenten aus die Beseitigung des Selbsteintrittsrechts unerwünscht sein würde. Es kommt hinzu, daß der deutsche Handelsverkehr sich seit langer Zeit in diese Geschäftsform eingelebt hat, so daß schon das Handelsgesetzbuch an thatsächlich Bestehendes anknüpfte.

Demgemäß bricht auch das Börsengesetz nicht mit dem bisherigen Rechtszustande, sondern sucht auf der Grundlage desselben durch Ergänzung und Erweiterung der gesetzlichen Bestimmungen dem möglichen Mißbrauche

---

Kunden den späteren Kurs von 140 in Rechnung, indem er zu diesem, der ja auch ein Börsenpreis ist, als Selbstkontrahent an den Kunden verkauft; er „schneidet" am Kurs. Ein ganz ähnliches Verfahren kann dem Kommissionär dadurch möglich werden, daß der Kurs zu derselben Zeit an den verschiedenen, telephonisch verbundenen Börsen verschieden sein kann. Er kauft dann z. B. in Frankfurt zu 139, um sofort in Berlin als Selbstkontrahent zu 140 an den Kunden weiter zu verkaufen. Endlich kann der Kommissionär „auf dem Rücken des Kommittenten" in folgender Weise spekuliren: er kauft sofort bei Beginn der Börse von einem Dritten und wartet nun die weitere Kursentwickelung ab. Fällt der Kurs, so berechnet er eben den von ihm gezahlten Kurs. Steigt dagegen der Kurs — wie in dem erwähnten Beispiel —, so verkauft er die zu 138 gekauften Harpener, sobald der Kurs auf 140 gegangen ist, an einen anderen Bankier und kauft wieder in Ausführung des Auftrages seines Kunden ebenfalls zu 140." (Dr. A. Endemann: Das moderne Börsen-Kommissionsgeschäft im Effektenverkehr (Berlin 1895, Vahlen), S. 14/15).

des Selbsteintrittsrechts mehr als bisher vorzubeugen. Unter scharfer Betonung des Wesens des Selbsteintrittsrechts als einer Art der Abwicklung des übernommenen Auftrages zieht § 71 der Ausführung von Börsenaufträgen festere Schranken und verschärft die Pflichten der Kommissionärs. Ausdrücklich wird auch durch § 72 Abs. 1 dem Kommittenten der Anspruch auf Berechnung des vortheilhaftesten Preises beigelegt, den der Kommissionär bei der ihm obliegenden Beobachtung der Sorgfalt eines ordentlichen Kaufmanns hätte erzielen können, während andrerseits eine Reihe von Bestimmungen darauf abzielt, das vielfach gerügte „Schneiden am Kurse" und „Spekuliren auf dem Rücken des Kommittenten" zu verhindern.

Abschnitt VI.

Straf- und Schlußbestimmungen.

Die §§ 75—79 des Abschnitts VI ergänzen die auf den Gebieten der Börsenreform getroffenen Vorschriften und geben ihnen, soweit erforderlich, durch Androhung strafrechtlicher Verfolgung einen besonderen Nachdruck.

(№ 2310.)

Börsengesetz.

Vom 22. Juni 1896.

(R.-G.-Bl. 1896 Nr. 15, S. 157 ff; ausgegeben zu Berlin den 24. Juni 1896.)

Wir **Wilhelm**, von Gottes Gnaden Deutscher Kaiser, König von Preußen rc.
verordnen im Namen des Reichs, nach erfolgter Zustimmung des Bundesraths und des Reichstags, was folgt:

I. Allgemeine Bestimmungen über die Börsen und deren Organe.

§. 1.

Die Errichtung einer Börse[1] bedarf der Genehmigung der Landesregierung. Diese ist befugt, die Aufhebung bestehender Börsen[2] anzuordnen.[3]

Die Landesregierungen üben die Aufsicht über die Börsen[4] aus.[5] Sie können die unmittelbare Aufsicht den Handelsorganen (Handelskammern, kaufmännischen Korporationen) übertragen.[6]

Der Aufsicht der Landesregierungen und der mit der unmittelbaren Aufsicht betrauten Handelsorgane[7] unterliegen auch die auf den Börsenverkehr bezüglichen Einrichtungen der Kündigungsbüreaus, Liquidationskassen, Liquidationsvereine und ähnlicher Anstalten.[8] [9] [10]

[1] Der Begriff: „Börse“ wird in dem Gesetz nicht definirt, weil, wie die Motive (S. 25) besagen, eine Definition kaum erschöpfend gegeben werden kann, und die thatsächliche Gestaltung der vorhandenen, als solche im technischen Sinne unbestritten anerkannten Börsen genügenden Anhalt bietet, um zu entscheiden, ob eine kaufmännische Versammlung als Börse im Sinne des Gesetzes anzusehen ist oder nicht.

In den Verhandlungen der Börsen-Enquetekommission wurde die Aufnahme des Satzes vorgeschlagen: „Die Börse ist eine durch den Staat genehmigte und unter Staatsaufsicht stehende Veranstaltung von Gemeinden oder Handelskorporationen zu dem Zwecke, den Handelsverkehr zu erleichtern und die allgemeinen wirthschaftlichen Interessen zu fördern.“ Die Kommission entschied sich jedoch dafür, einen solchen allgemeinen Satz überhaupt nicht aufzunehmen. (Anlagen zu dem Bericht der Börsen-Enquetekommission — Uebersicht der abgelehnten oder zurückgezogenen Anträge nebst Abstimmungen S. 1; vgl. auch B.E.K. S. 8).

In dem Handwörterbuch der Staatswissenschaften (herausgegeben von Professor Conrad, Jena 1891) S. 671 heißt es: „Unter einer Börse versteht man eine regelmäßig sich wiederholende Zusammenkunft von Kaufleuten und Handelsvermittlern (Maklern 2c.) zum Zwecke des geschäftlichen Verkehrs, des Kaufs und Verkaufs von Waaren.“

Diesen und anderen Definitionsversuchen gegenüber ist zu bemerken, daß im Sinne des Börsengesetzes für die Entscheidung der Frage, ob eine kaufmännische Vereinigung als „Börse“ zu behandeln ist, allerdings eine

Reihe von Merkmalen, wie die Regelmäßigkeit der Zusammenkünfte der Handeltreibenden zu bestimmten Zeiten an einem bestimmten Orte, an welchem Geschäfte unter Beobachtung gewisser, durch stillschweigende Uebereinkunft oder statutarisch festgelegter Regeln abgeschlossen werden oder abgeschlossen werden können, in Betracht zu ziehen sind, daß aber das ausschlaggebende Moment weder in dem juristischen Charakter der Vereinigung, noch in der Art der Preisfeststellung, sondern in der wirthschaftlichen Bedeutung der Zusammenkünfte, namentlich in ihrer Einwirkung auf die Preisbildung in einem weiteren Wirthschaftsgebiete, über den engeren Kreis der Theilnehmer hinaus, zu suchen ist.

[2] In der Anlage zum Bericht der Börsen-Enquetekommission: „Die hauptsächlichsten Börsen Deutschlands u. s. w." — vgl. Einleitung Anm. S. 22 — werden innerhalb des Reichsgebiets 29 Börsenplätze aufgeführt. In Preußen: Berlin, Breslau, Danzig, Düsseldorf, Elbing, Essen, Frankfurt a. M., Gleiwitz, Grimmen, Halle a. S., Köln, Königsberg, Magdeburg, Memel, Posen, Stettin; in Bayern: Augsburg und München; im Königreich Sachsen: Chemnitz, Dresden, Leipzig, Zwickau; in Württemberg: Stuttgart; in Baden: Mannheim; ferner die hanseatischen Börsen: Lübeck, Bremen, Hamburg, und in Elsaß-Lothringen: Mülhausen und Straßburg.

An den großen Börsen in Berlin und Hamburg erstreckt sich der Börsenverkehr auf Effekten und Waaren. Dasselbe gilt von einer Reihe der kleineren Börsenplätze, während an anderen der Handel auf Effekten oder Waaren oder auf Zweige des Effekten- und Waarengeschäfts beschränkt ist. In Dresden bestehen zwei Börsen unabhängig von einander, die Dresdener (Fonds-) Börse und die Produktenbörse zu Dresden; in Stuttgart sind drei selbstständige Börsen vorhanden, die Effektenbörse (Börsenverein), die Industrie- und Handelsbörse und die Landesproduktenbörse.

Bei einzelnen der benannten Orte sind Zweifel laut geworden, ob Börsen im Sinne des Gesetzes vorhanden seien, während es andererseits noch dahinsteht, ob nicht kaufmännische Versammlungen in einigen anderen Städten z. B. in Braunschweig und Bromberg, auf dem Gebiete des Getreide- und Produktenhandels als Börsen zu betrachten sind. Die Entscheidung dieser Fragen liegt den Landesregierungen ob. Diese werden besonders auch darüber zu wachen haben, daß sich nicht Vereinigungen, welche die wirthschaftliche Bedeutung einer Börse haben, der Unterstellung unter die gesetzlichen Bestimmungen dadurch entziehen, daß sie die Bezeichnung „Börse" vermeiden.

[3] Der Bericht der Reichstagskommission S. 2 hebt hervor, daß durch diese Bestimmung nicht etwa der Anstoß gegeben werden soll, eine Verminderung der zur Zeit vorhandenen Börsen herbeizuführen. Es soll vielmehr nur den Landesregierungen ermöglicht werden, innerhalb ihres Gebiets belegene Börsen zu schließen, falls sie sich weigern, die gesetzlichen oder die von den staatlichen Verwaltungsbehörden erlassenen Vorschriften zu befolgen, oder wenn bei ihnen die Voraussetzungen ihrer Begründung und Genehmigung nicht eingetreten oder in Fortfall gerathen sind.

[4] Auch Zusammenkünfte der Börsenbesucher in den Börsenräumen außerhalb der gewöhnlichen Börsenzeit, welche den Charakter börsenmäßiger Versammlungen tragen (z. B. sogen. Frühbörsen, Nachbörsen, Abendbörsen) unterliegen den für die Börsen gegebenen gesetzlichen und administrativen Bestimmungen (Motive S. 26).

[5] Die Landesregierungen haben nicht nur das Recht, sondern auch die Pflicht zur Beaufsichtigung. (B.E.K. S. 9, R.T.B. S. 200). — Die Wahl des staatlichen Organes zur Ausübung der Aufsicht ist den Landes-

regierungen, abgesehen von der Vorschrift des § 2, anheimgegeben.

[6] Die unmittelbare Aufsicht stand schon nach dem bisherigen Rechtszustande (vgl. Motive S. 18 ff.) meist Handelsorganen zu. Die Oberaufsicht verbleibt der Landesregierung.

Das Gesetz bezeichnet die mit der unmittelbaren Aufsicht betrauten staatlichen Behörden oder Handelsorgane als „Börsenaufsichtsbehörden". (Motive S. 21, vgl. § 8 Abs. 1, 2 u. 3, § 52).

[7] Oder staatlichen Behörden.

[8] Auch die Maklervereine fallen unter diese Bestimmung. (Motive S. 26).

[9] Vgl. B.E.K. S. 30 ff.; ferner über derartige Einrichtungen Saling I, 5. Auflage S. 79/80 ff.

[10] Treten Mißstände hervor, so können die Landesregierungen zur Aufhebung der betreffenden Einrichtungen schreiten oder ihren Fortbestand an Bedingungen knüpfen (K.B. S. 2).

§. 2.

Bei den Börsen sind als Organe der Landesregierung Staatskommissare[1] zu bestellen.[2] Ihnen liegt es ob, den Geschäftsverkehr an der Börse sowie die Befolgung der in Bezug auf die Börse erlassenen Gesetze und Verwaltungsbestimmungen nach näherer Anweisung der Landesregierung zu überwachen.[3] Sie sind berechtigt,[4] den Berathungen der Börsenorgane[5] beizuwohnen[6] und die Börsenorgane auf hervorgetretene Mißbräuche aufmerksam zu machen. Sie haben über Mängel und über die Mittel zu ihrer Abstellung Bericht zu erstatten.[7]

Mit Zustimmung des Bundesraths kann für einzelne Börsen die Thätigkeit des Staatskommissars auf die Mitwirkung beim ehrengerichtlichen Verfahren[8] beschränkt oder, sofern es sich um kleine Börsen handelt, von der Bestellung eines Staatskommissars abgesehen werden.[9]

[1] Einer oder mehrere Staatskommissare bei jeder Börse. (K.B. S. 2.)

[2] Der Staatskommissar ist nicht etwa dem mit der unmittelbaren Aufsicht betrauten Organe (§ 1 Abs. 2) unterstellt, er ist vielmehr das direkte, die rege Fühlung aufrechterhaltende Bindeglied zwischen der Börse und der Landesregierung. (Motive S. 21, R.T.B. S. 1972.) Letzterer ist auch die Wahl der Persönlichkeit, die Bestimmung über die Dauer der Bestellung und darüber, welcher staatlichen Behörde der Staatskommissar direkt zu unterstellen ist, überlassen. (Motive S. 26.)

[3] Der Staatskommissar führt nicht, wie der des österreichischen Gesetzes vom 1. 4. 1875 (§ 4) die Oberaufsicht über die Börse; er ist, abgesehen von seinen Befugnissen im ehrengerichtlichen Verfahren (vgl. §§ 11, 13, 14, 17, 23), lediglich beobachtendes Organ und hat als solches seine Funktionen nach näherer Anweisung der Landesregierung auszuüben. Das Recht des entscheidenden Eingreifens steht allein dieser zu. (Motive S. 26, K.B. S. 2, R.T.B. S. 1966.)

[4] Entsprechend der Anweisung der Landesregierung (vgl. Anm. 3).

[5] Nach den Motiven (S. 21) faßt das Gesetz unter dem Ausdruck: „Börsenorgane" den Börsenvorstand (§ 5 Ziffer 1) und das demselben etwa vorgesetzte Handelsorgan (§ 1 Abs. 2), welch Letzteres auch als Börsenaufsichtsbehörde (vgl. Anm. 6 zu § 1) bezeichnet wird, zusammen, „so daß je nach Befinden der Landesregierung

die eine oder die andere Stelle oder auch beide zusammen mit den den „Börsenorganen" zugewiesenen Aufgaben (§§ 7, 9, 30) betraut werden können. Das Verhältniß der Staatskommissare zu den Kursmaklern und den Maklerkammern ist nach § 30 Abs. 2 der Regelung durch die Landesregierung überlassen. Für Preußen vgl. Erlaß des Ministers für Handel und Gewerbe vom 14. November 1896 (unten S. 151 ff.) § 7 und für die Berliner Börse Erlaß vom 4. Dezember 1896 (unten S. 154 ff.) § 26.

[6] Auch den Berathungen der mit der unmittelbaren Aufsicht über die betreffende Börse betrauten Organe ist der Staatskommissar beizuwohnen berechtigt, wofern die Berathungen Börsenangelegenheiten betreffen. (K.B. S. 3, R.T.B. S. 2001.)

[7] Der Landesregierung.

[8] Vgl. §§ 11, 13, 14, 17, 19, 23, 27.

[9] In dem Bericht der Reichstagskommission (K.B. S. 4) ist zu § 2 als übereinstimmende Ansicht der Vertreter der verbündeten Regierungen und der Kommission festgestellt, daß in allen den Fällen, in denen das Gesetz für gewisse Einrichtungen und Bestimmungen die Zustimmung des Bundesraths oder der Landesregierung oder anderer Organe vorschreibt, diese Zustimmung jederzeit wieder zurückgezogen werden könne, sobald die betreffenden Organe zu der Ueberzeugung gelangen, daß die Voraussetzungen, unter denen die Zustimmung ertheilt wurde, hinfällig geworden seien, oder daß diese Anordnungen und Einrichtungen in der Praxis zu Bedenken Anlaß gegeben hätten, die bei Ertheilung der Genehmigung nicht hatten vorausgesehen werden können.

§. 3.

Zur Begutachtung [1] über die durch dieses Gesetz der Beschlußfassung des Bundesraths überwiesenen

Angelegenheiten[2] ist als Sachverständigenorgan ein Börsenausschuß zu bilden.[3] Derselbe ist befugt, Anträge an den Reichskanzler zu stellen und Sachverständige zu vernehmen.

Der Börsenausschuß besteht aus mindestens dreißig[4] Mitgliedern, welche vom Bundesrath in der Regel[5] auf je fünf Jahre zu wählen sind. Eine erneute Wahl ist zulässig. Die Wahl der Hälfte der Mitglieder erfolgt auf Vorschlag der Börsenorgane.[6] Darüber, in welcher Anzahl dieselben von den einzelnen Börsenorganen vorzuschlagen sind, bestimmt der Bundesrath. Die andere Hälfte wird unter angemessener Berücksichtigung von Landwirthschaft und Industrie gewählt.[7]

Die Geschäftsordnung für den Ausschuß wird nach Anhörung desselben von dem Bundesrath erlassen; der letztere setzt auch die den Ausschußmitgliedern zu gewährenden Tagegelder und Reisekosten fest.[8]

[1] An die erstatteten Gutachten ist der Bundesrath in seinen Beschlüssen nicht gebunden. Er kann auch von der Einholung eines Gutachtens absehen. (Motive S. 23, R.T.B. S. 1981.)

[2] Vgl. §§ 2 Abs. 2, 3 Abs. 2 u. 3, 6, 17 Abs. 2 u. 3, 35 Abs. 1, 42 Abs. 1 u. 2, 50 Abs. 1.

[3] Der Börsenausschuß bildet keine ständig versammelte Körperschaft. Er ist gemäß seiner Zusammensetzung (Abs. 2) als ein die Interessen sämmtlicher vom Börsenhandel berührter Kreise zusammenfassendes Sachverständigenorgan mit berathender Thätigkeit gedacht. (Motive S. 22, 23, 26; vgl. Einleitung S. 10.)

4 Die Mitgliederzahl ist auf mindestens 30 festgesetzt, um den Kreis der zur Vertretung gelangenden Anschauungen und Interessen nicht zu eng zu ziehen. „Die Innehaltung dieser oder einer nicht erheblich höheren Zahl schützt andererseits gegen eine zu schwerfällige Gestaltung der Körperschaft." (Motive S. 26.)

Die etwaige Berufung von mehr als 30 Mitgliedern unterliegt dem Ermessen des Bundesraths.

5 Durch die Worte „in der Regel" wird zum Ausdruck gebracht, daß der Bundesrath auch in der Lage ist, die Berufung an bestimmte Voraussetzungen zu knüpfen.

6 D. h. der mit der unmittelbaren Aufsicht betrauten Handelsorgane oder der Börsenvorstände (vgl. Anm. 5 zu § 2). — Die Börsenorgane haben nur das Recht und die Pflicht des Vorschlages. Die Wahl selbst steht dem Bundesrath zu. Derselbe kann die in Vorschlag gebrachten Personen ablehnen und neue Vorschläge verlangen. (Motive S. 26, R.T.B. S. 1996.)

7 Die Wahl ist nicht auf Vertreter der Landwirthschaft und Industrie beschränkt. Der Bundesrath kann auch Mitglieder aus anderen interessirten und sachverständigen Kreisen z. B. der Wissenschaft und „ausnahmsweise" auch des Handels berufen. (K.B. S. 5, 6, R.T.B. S. 1990, 91 u. 1996.)

8 Provisorisch ist der Börsenausschuß zufolge Bundesrathsbeschlusses bereits am 19. November 1896 zur Begutachtung verschiedener Bestimmungen, welche in Ausführung des Gesetzes zu erlassen waren, in der Zahl von 30 Mitgliedern zusammengetreten. Das Vorschlagsrecht haben ausgeübt die Börsen von Berlin und Hamburg mit je zwei, die von Frankfurt a./M., Bremen, Breslau, Stettin, München, Leipzig, Stuttgart, Königsberg, Köln, Mannheim und Magdeburg mit je 1 Mitglied. Ferner sind direkt berufen worden acht landwirthschaftliche Interessenten, drei Industrielle, zwei Gelehrte und zwei Fachmänner des Handelswesens.

§. 4.

Für jede Börse ist eine Börsenordnung[1] zu erlassen.[2] Die Genehmigung derselben erfolgt durch die Landesregierung.[3] Dieselbe kann die Aufnahme bestimmter Vorschriften in die Börsenordnung anordnen,[4] insbesondere der Vorschrift, daß in den Vorständen der Produktenbörsen die Landwirthschaft, die landwirthschaftlichen Nebengewerbe und die Müllerei eine entsprechende Vertretung finden.[5]

[1] Börsenordnungen, nach Art und Umfang der Regelung des Börsenverkehrs allerdings erheblich von einander abweichend, waren schon bisher an den meisten Börsenplätzen erlassen. (Näheres vgl. Anlagen der Börsen-Enquetekommission: die hauptsächlichsten Börsen Deutschlands u. s. w.). Das Gesetz giebt dem Begriff: „Börsenordnung" durch § 5, in welchem es vorschreibt, über welche Angelegenheiten die Börsenordnungen Bestimmungen enthalten müssen, eine einheitliche Grundlage. Als Beispiel einer Börsenordnung vgl. die Neue Börsen-Ordnung für Berlin unten S. 172 ff.

[2] Der Erlaß der Börsenordnung wird nach Maßgabe der Anordnungen der Landesregierung in der Regel durch das mit der unmittelbaren Aufsicht betraute Organ erfolgen. (Motive S. 26, vgl. Anm. 4.)

[3] Das Fehlen staatlicher Genehmignng nimmt der Börsenordnung die Rechtswirksamkeit. (Motive S. 27.)

[4] Die Befugniß der Landesregierung, selbstständig und in maßgebender Weise auf den Inhalt der Börsenordnung einzuwirken, ergiebt sich aus ihrem Aufsichtsrecht. Sie erstreckt sich im Rahmen der Bestimmungen des Gesetzes und der auf Grund des Letzteren vom Bundesrath erlassenen Vorschriften auf den gesammten Bereich des Börsenverkehrs. (Motive S. 26, 27.)

[5] Für Preußen ist durch § 2 Abs. 4 des Gesetzes über die Landwirthschaftskammern vom 30. Juni 1894 (Ges.Samml. S. 126) ausgesprochen, daß den Landwirthschaftskammern eine Mitwirkung bei der Verwaltung und den Preisnotirungen der Produktenbörsen nach Maßgabe der für die Börsen zu erlassenden Bestimmungen übertragen wird.

§. 5.

Die Börsenordnung muß[1] Bestimmungen treffen:[2]

1. über die Börsenleitung und ihre Organe;[3]
2. über die Geschäftszweige, für welche die Börseneinrichtungen bestimmt sind;[4]
3. über die Voraussetzungen der Zulassung zum Besuche der Börse;[5]
4. darüber, in welcher Weise die Preise und Kurse zu notiren sind.[6]

[1] § 5 giebt die einheitliche, obligatorische Unterlage für den Inhalt der Börsenordnungen. (B.E.K. S. 12 ff.) Die Regelung noch anderweiter als der unter Ziffer 1—4 begriffenen Materien vorzuschreiben, steht den Landesregierungen frei (vgl. Anm. 4 zu § 4). Eine Reihe von Einzelbestimmungen überweist oder überläßt jedoch das Gesetz selbst noch ausdrücklich in den §§ 4 Abs. 2, 7 Abs. 3, 8 Abs. 2 u. 3, 29 Abs. 1, 36 Abs. 4, 41, 49 Abs. 1 der Regelung durch die Börsenordnungen.

[2] Die Art der Regelung der unter Ziffer 1—4 bezeichneten Materien ist mit Rücksicht auf die abweichende Organisation, die ungleiche historische Entwickelung sowie die Verschiedenartigkeit der Art und des Umfangs des Geschäftsverkehrs der einzelnen Börsen den zum Erlaß der Börsenordnungen berufenen Organen (vgl. Anm. 2 zu § 4) überlassen, sofern sich nicht aus dem Gesetze oder in Folge der Anwendung der dem Bundesrathe

durch dasselbe beigelegten Befugnisse Einschränkungen ergeben.

[3] Das Gesetz bezeichnet die Gesammtheit der zur Leitung einer Börse berufenen Personen als „Börsenvorstand". (Motive S. 20, vgl. Anm. 5 zu § 2.)

[4] Die betreffenden Geschäftszweige sind einzeln oder der Kategorie nach namhaft zu machen. Nicht derart aufgeführte Geschäftszweige sind, abgesehen von der durch § 6 den Börsenordnungen gegebenen Befugniß, von der Benutzung der Börseneinrichtungen (amtliche Kursnotirung, Schiedsgerichte, Sachverständigen-Kommissionen, sowie Kündigungsbureaus, Liquidationskassen, Liquidationsvereine u. s. w.) ausgeschlossen. (Motive S. 27.) — Bezüglich der Börsenschiedsgerichte vgl. § 28.

[5] Das Gesetz sieht davon ab, Grundsätze für die Zulassung zum Börsenbesuche aufzustellen und greift in die Bestimmungen der Börsenordnungen nur insoweit ein, als es durch § 7 eine Reihe von Personen allgemein von dem Besuche der Börsen ausschließt. Hierbei war insbesondere die Berücksichtigung der Verhältnisse an den hanseatischen Börsen maßgebend, zu denen im Grundsatz der Zutritt einem Jeden freisteht. Den Landesregierungen bleibt damit überlassen, den Vorschlägen der Börsen-Enquetekommission (B.E.K. S. 16 ff.), welche sich auf das Stellen von Gewährsmännern, die Bestellung einer Realkaution, sowie die äußeren Formen des Verfahrens bei der Zulassung zum Börsenbesuche richten, Berücksichtigung zu verschaffen, soweit dies mit den Einrichtungen der einzelnen Börsen verträglich ist. (Motive S. 28, K.B. S. 6.)

[6] Die Bestimmungsbefugniß der Börsenordnungen hinsichtlich der Kursnotirung ist durch das Gesetz insofern gebunden, als die §§ 29 Abs. 1 u. 2, 30 und 31 grundsätzlich einheitliche Vorschriften für die amtliche Preisfeststellung aufstellen und eine von dieser abweichende

amtliche Preisnotirung nur mit Zustimmung des Bundesraths zulässig ist (§ 35 Ziffer 1).

In Betracht kommt ferner die durch § 35 Ziffer 3 dem Bundesrath beigelegte Befugniß, eine Einheitlichkeit der Grundsätze über die den Feststellungen von Waarenpreisen zu Grunde zu legenden Mengen und über die für die Feststellung der Preise von Werthpapieren maßgebenden Gebräuche herbeizuführen. (Vgl. Anm. 3 zu § 35.)

§. 6.

Die Börsenordnung kann für andere als die nach §. 5 Ziffer 2 zu bezeichnenden Geschäftszweige, sofern dies nicht mit besonderen Bestimmungen dieses Gesetzes (§§. 40, 41, 51, 52) im Widerspruch steht, die Benutzung von Börseneinrichtungen zulassen.[1] Ein Anspruch auf die Benutzung erwächst in diesem Falle für die Betheiligten nicht. Der Bundesrath ist befugt, für bestimmte Geschäftszweige die Benutzung der Börseneinrichtungen zu untersagen oder von Bedingungen abhängig zu machen.[2]

[1] Besonders an den hanseständischen Börsen sind mit der zunehmenden Konzentrirung des gesammten Handels an der Börse Geschäftszweige in den Kreis des Börsenverkehrs gezogen worden, welche nicht eigentlich ihrer Natur nach Gegenstand des Börsenhandels sind, und die, da ihre gesonderte Aufführung in der Börsenordnung praktisch schwer durchführbar erscheint, nach § 5 Ziffer 2 von der Benutzung der Börseneinrichtungen an sich ausgeschlossen werden müßten. Da diese Konsequenz einen unnöthigen Eingriff in die Verhältnisse der betreffenden Börsen bedeuten würde, gestattet § 6, durch die Börsenordnung neben den nach § 5 Ziffer 2 aufzuführenden Geschäftszweigen allgemein für „andere Geschäftszweige"

die Benutzung der Börseneinrichtungen zuzulassen. Der praktische Unterschied zwischen den besonders aufgeführten und den unter die allgemeine Klausel fallenden Geschäftszweigen besteht darin, daß für Abschlüsse in letzteren die Benutzung der Börseneinrichtungen nicht beansprucht werden kann.

[2] Hierdurch ist dem Bundesrath besonders auch die Möglichkeit gegeben, das Hineinziehen von Waaren und Werthpapieren in den Kreis des Börsenhandels zu verhindern, welche sich für diesen nicht eignen.

Außerdem kann der Bundesrath einer Schädigung inländischer Erwerbsinteressen dadurch entgegentreten, daß er bei Waaren oder Werthpapieren, welche bereits in den Börsenverkehr einbezogen sind oder in ihn einbezogen werden sollen, bestimmte Voraussetzungen für die Benutzung der Börseneinrichtungen vorschreibt. (Hinsichtlich der Werthpapiere vgl. außerdem § 42 Abs. 2; vgl. K.B. S. 6.)

§. 7.

Vom Börsenbesuche sind ausgeschlossen:[1]

1. Personen weiblichen Geschlechts;
2. Personen, welche sich nicht im Besitze der bürgerlichen Ehrenrechte befinden;
3. Personen, welche in Folge gerichtlicher Anordnung in der Verfügung über ihr Vermögen beschränkt sind;
4. Personen, welche wegen betrüglichen Bankerutts rechtskräftig verurtheilt sind;
5. Personen, welche wegen einfachen Bankerutts rechtskräftig verurtheilt sind;
6. Personen, welche sich im Zustande der Zahlungsunfähigkeit befinden;[2]

7. Personen, gegen welche durch rechtskräftige oder für sofort wirksam erklärte ehrengerichtliche Entscheidung auf Ausschließung von dem Besuche einer Börse erkannt ist.[3]

Die Zulassung oder Wiederzulassung zum Börsenbesuche kann in den Fällen unter 2 und 3 nicht vor der Beseitigung des Ausschließungsgrundes, in dem Falle unter 5 nicht vor Ablauf von sechs Monaten, nachdem die Strafe verbüßt, verjährt oder erlassen ist, erfolgen; sie darf in dem letzteren Falle und ebenso in dem Falle unter 6 nur stattfinden, wenn der Börsenvorstand den Nachweis für geführt erachtet, daß die Schuldverhältnisse sämmtlichen Gläubigern gegenüber durch Zahlung, Erlaß oder Stundung geregelt sind.[4] Einer Person, welche im Wiederholungsfalle in Zahlungsunfähigkeit oder in Konkurs gerathen ist, muß die Zulassung oder Wiederzulassung mindestens für die Dauer eines Jahres verweigert werden. In dem Falle unter 4 ist der Ausschluß ein dauernder.[5]

Die Börsenordnungen können weitere Ausschließungsgründe festsetzen.[6]

Auf Antrag der Börsenorgane[7] kann die Landesregierung in besonderen Fällen[8] Ausnahmen von den Vorschriften über die Ausschließung vom Börsenbesuche zulassen.

[1] Die Ausschließungsfälle unter Ziffer 1—6 waren schon bisher sämmtlich oder theilweise in den an deutschen Börsen erlassenen Börsenordnungen berücksichtigt. (Näheres

B.E.K. S. 17ff, Motive S. 27, 28; vgl. auch § 5 des österreichischen Gesetzes vom 1. April 1875, betreffend die Organisirung der Börsen.) Die Börsenordnungen können, wie Absatz 3 noch besonders bemerkt, weitere Ausschließungsgründe festsetzen. Hinsichtlich des Einwirkungsrechts der Landesregierungen vgl. Anm. 4 zu § 4.

[2] Ob der „Zustand der Zahlungsunfähigkeit" vorliegt, ist Thatfrage, welche nur von Fall zu Fall und nach Lage der besonderen Verhältnisse (u. A. Pfändung durch Gerichtsvollzieher, Leistung des Offenbarungseides) zu entscheiden ist. (K.B. S. 7.)

[3] §§ 15 u. 16 Abs. 4.

[4] Auch bezüglich der außerhalb des Börsenverkehrs stehenden Gläubiger muß der Nachweis der Regulirung durch Zahlung, Erlaß oder Stundung erbracht sein. (Motive S. 28.)

[5] Die Fristen des zweiten Absatzes stellen nur das Mindestmaß der Ausschließungszeit dar. Sie können durch die Börsenordnungen ausgedehnt werden. (Motive S. 28.)

[6] Z. B. den Ausschluß der Minderjährigen bestimmen.

[7] Welches Organ oder welche Organe an der einzelnen Börse zuständig sind, wird sich aus der näheren Bestimmung der Börsenordnung ergeben. (R.T.B. S. 2001.) In Betracht kommen der Börsenvorstand und das demselben etwa vorgesetzte Handelsorgan. (§ 1 Abs. 2.)

[8] Die Landesregierung soll hierdurch in die Lage gesetzt werden, auf Grund eines in jedem einzelnen Falle nothwendigen Antrags des zuständigen Börsenorgans etwaige aus der strengen Durchführung der Gesetzesvorschriften sich ergebende unverhältnißmäßige Härten zu beseitigen. Eine weitergehende Durchbrechung der allgemeinen Regeln, welche deren gleichartige Anwendung in Frage stellen würde, ist jedoch nicht zugelassen. (Motive S. 28.)

§. 8.[1]

Die Börsenaufsichtsbehörde[2] ist befugt, zur Aufrechthaltung der Ordnung und für den Geschäftsverkehr an der Börse Anordnungen zu erlassen.[3]

Die Handhabung der Ordnung in den Börsenräumen liegt dem Börsenvorstande ob. Er ist befugt, Personen, welche die Ordnung oder den Geschäftsverkehr an der Börse stören, sofort aus den Börsenräumen zu entfernen[4] und mit zeitweiliger Ausschließung von der Börse oder mit Geldstrafe[5] zu bestrafen. Das Höchstmaß beider Strafen wird durch die Börsenordnung festgesetzt. Die Ausschließung von der Börse kann mit Genehmigung der Börsenaufsichtsbehörde durch Anschlag in der Börse bekannt gemacht werden.

Gegen die Verhängung der Strafen findet innerhalb einer durch die Börsenordnung festzusetzenden Frist die Beschwerde an die Börsenaufsichtsbehörde statt.

Finden sich an der Börse Personen zu Zwecken ein, welche mit der Ordnung oder dem Geschäftsverkehr an derselben unvereinbar sind, so ist ihnen der Zutritt zu untersagen.[6]

[1] § 8 handelt von der Börsenpolizei; §§ 9 ff. von dem ehrengerichtlichen Verfahren.

Störungen der äußeren Ordnung und des Geschäftsverkehrs, Erregung von Lärm an der Börse, Thätlichkeiten und Wortbeleidigungen der Börsenbesucher gegeneinander oder gegen das Aufsichtspersonal, Verletzungen des äußeren Anstandes sind in erster Linie gemäß § 8 zu beseitigen und zu strafen. (Motive S. 29; vgl. jedoch Anm. 5 zu § 10 u. § 15 Abs. 2). Schwerere, eine Außerachtlassung der Ehre in sich schließende Verfehlungen sind dagegen ehrengerichtlich zu ahnden. Eine beispielsweise Aufzählung derartiger Fälle ist in Anm. 4 zu § 10 gegeben.

[2] D. h. die die unmittelbare Aufsicht ausübende staatliche Behörde oder das an ihrer Statt berufene Handelsorgan. (Motive S. 23, vgl. Anm. 6 zu § 1.)

[3] Macht die Börsenaufsichtsbehörde von ihrer Befugniß keinen Gebrauch, so fällt der Erlaß allgemeiner Ordnungsvorschriften dem Börsenvorstande zu. (Motive S. 23.)

[4] Der Börsenvorstand muß auch dafür Sorge tragen, daß sich nicht Personen in den Börsenräumen aufhalten, welche nach § 7 oder durch besondere Vorschriften der Börsenordnung von dem Besuche der Börse ausgeschlossen sind. (Motive S. 23.)

[5] Welcher Kasse die Strafgelder zufließen, bestimmt die Börsenordnung. (Motive S. 30.) Die Zwangsvollstreckung wegen der erkannten Geldstrafen findet in Gemäßheit der in den einzelnen Bundesstaaten für die Zwangsvollstreckung von Geldstrafen, welche von Verwaltungsbehörden verhängt sind, geltenden Bestimmungen statt. Für Preußen kommt die Verordnung, betreffend das Verwaltungszwangsverfahren wegen Beitreibung von Geldbeträgen, vom 7. September 1879 (Ges.Samml. S. 591) in Betracht.

[6] Pflicht des Börsenvorstandes.

§. 9.[1]

An jeder Börse wird ein Ehrengericht gebildet.[2] Es besteht, wenn die unmittelbare Aufsicht über die Börse einem Handelsorgane (§. 1 Absatz 2) übertragen ist, aus der Gesammtheit oder einem Ausschusse dieses Aufsichtsorgans, andernfalls aus Mitgliedern, welche von den Börsenorganen gewählt werden. Die näheren Bestimmungen über die Zusammensetzung des Ehrengerichts werden von der Landesregierung erlassen.

[1] Vgl. Anm. 1 zu § 8.

[2] Voraussetzung für die Mitgliedschaft zum Ehrengerichte ist, wie im zweiten Satze zum Ausdruck gebracht wird, die Berufszugehörigkeit zu den den Börsenhandel betreibenden und vermittelnden Erwerbszweigen. (B.E.K. S. 20 u. 26; Motive S. 24. Vgl. § 17 Anm. 2.)

§. 10.

Das Ehrengericht zieht zur Verantwortung Börsenbesucher,[1] welche im Zusammenhange mit ihrer Thätigkeit an der Börse[2] sich eine mit der Ehre oder dem Anspruch auf kaufmännisches Vertrauen[3] nicht zu vereinbarende Handlung[4] haben zu Schulden kommen lassen.[5]

[1] Auch nichtkaufmännische Besucher der Börse z. B. sogen. Hülfspersonen, Angehörige der Presse, Notare, Rechtsanwälte u. s. w. unterliegen der Jurisdiktion des Ehrengerichts. (B.E.K. S. 14, 15, Motive S. 25.) Ebenso die Makler (K.B. S. 8, Motive S. 35 u. 36.)

[2] In den Börsenräumen oder zur Börsenzeit braucht die Handlung nicht vorgenommen zu sein. Es ist für die ehrengerichtliche Ahndung Voraussetzung und genügt, daß die Handlung mit der Thätigkeit an der Börse in Verbindung steht. (Motive S. 25.)

[3] In der Regierungsvorlage fehlte der Begriff: „kaufmännisches Vertrauen". Sie lautete:

„Das Ehrengericht zieht zur Verantwortung Börsenbesucher, welche im Zusammenhange mit ihrer Thätigkeit an der Börse sich eine unehrenhafte Handlung haben zu Schulden kommen lassen."

Die jetzige auf Grund der Vorschläge der IX. Kommission vom Reichstage angenommene Fassung wurde damit begründet, daß der Begriff der kaufmännischen Ehre bei den einzelnen Börsenbesuchern ein sehr verschiedener sei und insbesondere beim Kommissionsgeschäft das Vertrauensmoment eine große Rolle spiele; die Worte „oder dem Anspruch auf kaufmännisches Vertrauen nicht zu vereinbarende Handlung" gäben „gewissermaßen eine Deklaration des Wortes „Ehre".

Der Zusatz will demnach besagen, daß ein Börsenbesucher, der in seinen kaufmännischen Geschäften gegen Treue und Glauben handelt und sich dadurch des Vertrauens seiner Berufsgenossen und Kunden unwürdig zeigt, der ehrengerichtlichen Verfolgung verfällt. Seine Meinung geht aber nicht etwa dahin, daß ein Börsenbesucher, der durch Handlungen, welche seine Kreditwürdigkeit schmälern wie z. B. durch leichtsinnige Ausgaben, leichtsinnige Kreditgewährung an Dritte u. s. w. den Anspruch auf kaufmännisches Zutrauen eingebüßt hat, von dem Ehrengerichte zur Verantwortung gezogen werden müßte. (K.B. S. 8, R.T.B. S. 2002—2004.)

[4] Als bemerkenswerthe Beispiele, aus denen ein Anhalt für die Voraussetzungen ehrengerichtlichen Einschreitens zu entnehmen ist, führen der Bericht der Börsen-Enquetekommission (S. 21, 22) und im Anschluß hieran die Motive (S. 29) auf:

1. Arglistige Beeinflussung der Kurse oder Preise, insbesondere durch Scheingeschäfte, Abschiebungen, Unter-der-Hand-Regulirungen und durch Verbreitung falscher Gerüchte.
2. Gewährung und Annahme von Geschenken in der Absicht, Aeußerungen in der Presse zu Gunsten oder zum Nachtheile gewisser Unternehmungen herbeizuführen oder zu unterdrücken.

3. Die Anwendung von Geschäftsbedingungen, welche gegen den kaufmännischen Anstand verstoßen.
4. Das Verhalten eines Emittenten, welches nach § 43 seine Schadensersatzpflicht begründet.
5. Anreizungen zu Börsenspekulationen, welche außerhalb des Geschäftsbetriebes des Angereizten liegen, falls sie in einer des ehrbaren Kaufmanns unwürdigen Weise erfolgen, gleichviel ob die Anreizung durch den Anreizenden persönlich oder durch Agenten, Briefe, Anzeigen, Reklamen in öffentlichen Blättern oder dergleichen erfolgt.
6. Der Abschluß von Börsengeschäften mit Handelsangestellten und Personen, die im Handelsgewerbe Gesindedienste verrichten, ohne Genehmigung der Prinzipale, desgleichen mit Kassenbeamten öffentlicher Behörden ohne Genehmigung der Dienstbehörde, bei Kenntniß dieser Stellungen seitens des Abschließenden und bei Mangel besonderer Gründe für den guten Glauben, daß die Geschäfte in den Kreis der durch die Verwaltung eigenen Vermögens der Betreffenden oder ihrer Angehörigen erforderten fallen.
7. Der Abschluß von Börsenspekulationsgeschäften mit Personen in unselbstständiger oder dürftiger wirthschaftlicher Lage, oder mit Personen, deren Geschäftsbetrieb solche Abschlüsse nicht gewöhnlich mit sich bringt, in einem Umfange, der in auffälligem Mißverhältniß zu ihrer wirthschaftlichen Lage steht, wenn diese Umstände dem Abschließenden bei Anwendung gewöhnlicher Aufmerksamkeit nicht entgehen konnten.
8. Die wiederholte Benutzung unkontraktlicher Waare zur Kündigung, wenn der Kündigende wußte oder den Umständen nach wissen mußte, daß die Waare den an die lieferungsfähige Qualität zu stellenden Anforderungen nicht entspricht; desgleichen alle

Kündigungen ohne vorhandene Waare sowie alle Scheinkündigungen.

In den Motiven ist noch hinzugefügt der Fall der Berechnung höherer als der wirklich gezahlten Stempelbeträge im Kommissionsgeschäft.

Der Bericht der Reichstagskommission stellt ferner ausdrücklich fest, daß die Vertreter der verbündeten Regierungen und die Kommission der Ansicht seien, daß die mißbräuchliche Benutzung des Terminhandels zum Börsenspiel, abgesehen von den angeführten Fällen, eine ehrengerichtlich zu ahnende Handlung sein könne. „Wenn, wie es vorgekommen sei, durch künstliche Preistreibereien auf einen bestimmten Termin und durch große Abschlüsse auf denselben zahlreichen Verkäufern schwere Verluste zugefügt und dieselben um ihr ganzes Hab und Gut gebracht seien, so sei eine solche Handlungsweise ebenso moralisch verwerflich und ehrengerichtlich zu ahnden, als wenn durch Scheinkündigungen, Manipulationen mit minderwerthigen Waaren und ähnliche Maßregeln ein Preisdruck künstlich herbeigeführt werde, der die reellen Käufer empfindlich schädige." (K.B. S. 8.)

[5] Ob eine Handlung der ehrengerichtlichen oder der börsenpolizeilichen Verfolgung (§ 8) unterliegt, wird im Allgemeinen (vgl. Anm. 4, und Anm. 1 zu § 8) leicht zu unterscheiden sein. Unter Umständen aber kann eine und dieselbe Handlung sich als Störung der Ordnung und zugleich als eine nicht mit der Ehre oder dem Anspruch auf kaufmännisches Vertrauen zu vereinbarende Handlung kennzeichnen. In solchem Falle ist eine doppelte Ahndung, einerseits nach § 8, andererseits nach § 10, nicht ausgeschlossen.

Ergiebt sich bei einem vor dem Ehrengericht eingeleiteten Verfahren, daß nur eine Störung der Ordnung oder des Geschäftsverkehrs vorliegt, so kann gemäß § 15 Abs. 2 das Ehrengericht auf Bestrafung nach

§ 8 Abs. 2 erkennen, um eine doppelte Prüfung und Verhandlung zu vermeiden. (Motive S. 29, 30.)

§. 11

Von der Einleitung oder Ablehnung eines ehrengerichtlichen Verfahrens ist der Staatskommissar (§. 2) zu unterrichten. Er kann die Einleitung eines ehrengerichtlichen Verfahrens verlangen. Diesem Verlangen sowie allen von dem Kommissar gestellten Beweisanträgen muß stattgegeben werden.[1] Der Kommissar hat das Recht, allen[2] Verhandlungen beizuwohnen und die ihm geeignet erscheinenden Anträge sowie Fragen an den Beschuldigten, die Zeugen und Sachverständigen zu stellen.[3]

[1] Eingeleitet und durchgeführt wird das ehrengerichtliche Verfahren von dem Ehrengericht. Aus seiner Mitte wird auch die etwaige Anklage erhoben (§ 10: „das Ehrengericht zieht zur Verantwortung ....").

Die Stellung des Staatskommissars ist nicht die eines Staatsanwalts, er ist nicht der Vertreter einer prozessualen Anklagebehörde. Seine Aufgabe ist, darüber zu wachen, daß in allen Fällen, in denen das öffentliche Interesse es erheischt, eine ehrengerichtliche Untersuchung und Verfolgung auch in der That stattfindet. Dementsprechend muß er von allen ehrengerichtlichen Vorgängen in Kenntniß gesetzt werden und hat die Befugniß, die Einleitung und Durchführung (vgl. §§ 13 u. 17) des ehrengerichtlichen Verfahrens herbeizuführen. (B.E.K. S. 26, Motive S. 25, R.T.B. S. 2006.) Der Staatskommissar ist jedoch nicht verpflichtet, auf jede ihm zugehende Anzeige einzugehen. Ein diese Verpflichtung aussprechender Antrag wurde in der Reichstagskommission mit dem Hinweis abgelehnt, daß eine derartige Bestimmung unberechtigte Denunziationen geradezu provoziren würde. (Motive S. 25, K.B. S. 8.)

[2] Auch den Vernehmungen des Beschuldigten, der Zeugen und Sachverständigen in der Voruntersuchung. (§ 12.)

[3] Sofern bei einer Börse von der Bestellung eines Staatskommissars abgesehen ist (§ 2 Abs. 2), fallen die auf die Mitwirkung eines solchen im ehrengerichtlichen Verfahren bezüglichen Vorschriften fort. (Motive S. 30.)

§. 12.

Zur Vorbereitung der Hauptverhandlung kann das Ehrengericht einem Mitgliede die Führung einer Voruntersuchung übertragen. In der Voruntersuchung wird der Beschuldigte unter Mittheilung der Beschuldigungspunkte vorgeladen und, wenn er erscheint,[1] mit seinen Erklärungen und Anträgen gehört.[2]

Zeugen und Sachverständige dürfen nur unbeeidigt vernommen werden.[3]

[1] Das Erscheinen kann nicht erzwungen werden.

[2] Vgl. § 24: Protokollaufnahme.

[3] Leisten Zeugen oder Sachverständige der Ladung keine Folge, so kann ihre Vernehmung nur gemäß § 26 durch Ersuchen der Gerichte, denen die Zwangsmittel der §§ 50 ff. u. 72 der Strafprozeßordnung zur Verfügung stehen, herbeigeführt werden. (Vgl. Anm. 3 zu § 14.)

§. 13.

Mit Zustimmung des Staatskommissars[1] kann das Ehrengericht das Verfahren einstellen, andernfalls ist die Hauptverhandlung anzuberaumen.

[1] Vgl. Anm. 3 zu § 11.

§. 14.

Die Hauptverhandlung vor dem Ehrengerichte findet statt, auch wenn der Beschuldigte nicht erschienen ist. Sie ist nicht öffentlich.[1] Das Ehrengericht kann die Oeffentlichkeit der Verhandlung anordnen. Die Anordnung muß erfolgen, falls der Staatskommissar oder der Beschuldigte es beantragt, sofern nicht die Voraussetzungen des §. 173 des Gerichtsverfassungsgesetzes[2] vorliegen.

Der Beschuldigte ist befugt, sich des Beistandes eines Vertheidigers zu bedienen.

Das Ehrengericht ist berechtigt, Zeugen und Sachverständige vorzuladen und eidlich zu vernehmen.[3]

[1] Das Gesetz geht von dem Grundsatz der Nichtöffentlichkeit der Verhandlung in der Erwägung aus, daß der kaufmännische Kredit auch des zu Unrecht Beschuldigten unter öffentlicher Behandlung empfindlich leiden kann, und daß häufig ein berechtigtes Interesse vorliegen wird, die vor dem Ehrengericht zur Sprache kommenden Geschäftsangelegenheiten geheim zu halten. (Motive S. 30.)

[2] § 173 G.V.G. lautet:

„In allen Sachen kann durch das Gericht für die Verhandlung oder für einen Theil derselben die Oeffentlichkeit ausgeschlossen werden, wenn sie eine Gefährdung der öffentlichen Ordnung, insbesondere der Staatssicherheit, oder eine Gefährdung der Sittlichkeit besorgen läßt."

[3] Eidesnorm: vgl. für Zeugen: §§ 61—63, für Sachverständige: § 79 der Reichsstrafprozeßordnung. — Für die Vernehmung der Zeugen und Sachverständigen vor

dem Ehrengericht gelten im allgemeinen die Bestimmungen der Strafprozeßordnung. (§§ 50 ff. und 72: Recht zur Zeugnißverweigerung, Eidesmündigkeit u. s. w.) Jedoch stehen dem Ehrengericht keine Zwangsmittel (z. B. bei Nichterscheinen, Zeugniß- oder Eidesverweigerung) zur Verfügung. Das Ehrengericht muß in solchen Fällen gemäß § 26 die Hülfe der Gerichte in Anspruch nehmen.

§. 15.

Die Strafen bestehen in Verweis, sowie in zeitweiliger oder dauernder Ausschließung von der Börse.[1] [2]

Ergiebt sich, daß keine unehrenhafte[3] Handlung, sondern nur eine Störung der Ordnung oder des Geschäftsverkehrs an der Börse vorliegt, so kann die Bestrafung gemäß §. 8 Absatz 2 durch das Ehrengericht stattfinden.[4] [5]

[1] Von der Festsetzung der Geldstrafe als Strafe ist abgesehen, weil einerseits die zeitweilige und besonders die dauernde Ausschließung von der Börse ohnehin in den meisten Fällen finanzielle Nachtheile mit sich bringen wird und andererseits die Verhängung einer Geldstrafe, auf welche anstatt der Ausschließung häufig erkannt werden würde, mit Rücksicht auf die Vermögensverhältnisse der Betroffenen sehr ungleich wirksam wäre. (K.B. S. 9.)

[2] Die Strafe des dauernden oder zeitweisen Ausschlusses vom Börsenbesuche äußert ihre Wirksamkeit nicht nur für diejenige Börse, an welcher das ehrengerichtliche Verfahren stattgefunden hat, sondern für alle deutschen Börsen. (§ 7 Ziffer 7.)

[3] Oder mit dem Anspruch auf kaufmännisches Vertrauen nicht zu vereinbarende Handlung. (§ 10.)

[4] Um eine doppelte Prüfung und Verhandlung zu vermeiden. (Motive S. 30, vgl. Anm. 5 zu § 10).

[5] Vgl. Anm. 1 zu § 17.

§. 16.

Die Entscheidung wird in der Sitzung, in welcher die mündliche Verhandlung geschlossen wird, unter Angabe der Gründe verkündet oder spätestens innerhalb zwei Wochen nach dem Schlusse der Verhandlung dem Staatskommissar und dem Beschuldigten in einer mit Gründen versehenen Ausfertigung zugestellt.

Dem nicht erschienenen Beschuldigten ist auch die verkündete Entscheidung zuzustellen. Sowohl der Staatskommissar wie der Beschuldigte können auch bei in ihrer Gegenwart erfolgter Verkündung der Entscheidung eine mit Gründen versehene Ausfertigung derselben beanspruchen.[1]

Das Ehrengericht kann in der Entscheidung anordnen, daß und auf welche Weise sie öffentlich bekannt zu machen ist.[2]

Das Ehrengericht kann, wenn auf zeitweilige oder dauernde Ausschließung von der Börse erkannt ist, anordnen, daß die Wirkung der Entscheidung sofort eintrete.

Auf Antrag des freigesprochenen Beschuldigten hat das Gericht die öffentliche Bekanntmachung der Freisprechung anzuordnen.[3]

[1] Dem zu Unrecht Beschuldigten ist hierdurch ein Mittel gegeben, sich durch Bekanntgabe des Urtheils mit

den Gründen in der öffentlichen Meinung zu rehabilitiren. (Motive S. 30, vgl. ferner Absatz 5.)

[2] Zur Verschärfung der Strafe bei Verurtheilung wegen schwerer Verfehluugen. (Motive S. 30).

[3] Die Kosten trägt das Gericht. (K.B. S. 9.)

§. 17.

Gegen die Entscheidung des Ehrengerichts steht sowohl dem Staatskommissar als dem Beschuldigten die Berufung an die periodisch zu bildende Berufungskammer offen.[1]

Die Berufungskammer besteht aus einem Vorsitzenden und sechs Beisitzern.[2] Der Vorsitzende wird von dem Bundesrath bestimmt. Die Beisitzer werden von dem Börsenausschusse aus seinen auf Vorschlag der Börsenorgane[3] berufenen Mitgliedern gewählt;[4] von den Beisitzern dürfen nicht mehr als zwei derselben Börse angehören.[5]

Für den Vorsitzenden und die Beisitzer werden in gleicher Weise Stellvertreter bestellt.

In einer Spruchsitzung dürfen nicht mehr als zwei Beisitzer mitwirken, welche derselben Börse angehören.[6]

[1] Auch in dem Falle des § 15 Abs. 2.

[2] Diese Besetzung ist für die Spruchsitzungen erforderlich. (Motive S. 31.)

[3] § 3 u. Anm. 6 zu § 3.

[4] Für die Mitgliedschaft in der Berufungskammer soll ebenso wie für die Mitgliedschaft des Ehrengerichts

(vgl. Anm. 2 zu § 9) die Berufszugehörigkeit zu den den Börsenhandel betreibenden und vermittelnden Erwerbszweigen grundsätzliche Voraussetzung sein. Die Bestimmung des Vorsitzenden ist im Interesse einer angemessenen Geschäftsleitung und Vorbereitung der endgültigen Entscheidung dem Bundesrathe überlassen. (Motive S. 31.)

[5] Durch diese Bestimmung soll die thunlichst gleichmäßige Vertretung der an den verschiedenen Börsen herrschenden Anschauungen gesichert werden. (Motive S. 31).

[6] Vgl. Anm. 5. Die Ergänzung der Bestimmung im Abs. 2 ist erforderlich wegen der Mitwirkung von Stellvertretern.

§. 18.

Die Einlegung der Berufung geschieht zu Protokoll oder schriftlich bei dem Ehrengerichte, welches die anzugreifende Entscheidung erlassen hat.

Die Frist zur Einlegung der Berufung beträgt eine Woche.[1]

Sie beginnt, falls die Entscheidung verkündet worden ist, für den Staatskommissar und den erschienenen Beschuldigten mit der Verkündung, im Uebrigen mit der Zustellung der Entscheidung.

[1] Diese Frist ist Präklusivfrist. Sie kann nicht wie nach § 22 die Fristen der §§ 20 und 21 verlängert werden. Die Wiedereinsetzung in den früheren Stand im Falle ihrer Versäumung ist jedoch in analoger Anwendung des § 44 der St.Pr.O. für zulässig zu erachten.

§. 19.

Nach Einlegung der Berufung ist dem Staatskommissar[1] sowie dem Beschuldigten, sofern es nicht bereits geschehen, die angefochtene Entscheidung, mit Gründen versehen, zuzustellen.

[1] Vgl. Anm. 3 zu § 11.

§. 20.

Zur schriftlichen Rechtfertigung der Berufung steht demjenigen, der sie rechtzeitig eingelegt hat,[1] eine Frist von einer Woche offen. Sie beginnt mit dem Ablauf der Einlegungsfrist oder, wenn zu dieser Zeit die Entscheidung noch nicht zugestellt war, mit deren Zustellung.

[1] Vgl. § 18.

§. 21.

Die Berufungsschrift des Beschuldigten und die etwa eingehende Rechtfertigung wird dem Staatskommissar,[1] die Berufungsschrift und die Rechtfertigung des Staatskommissars dem Beschuldigten mitgetheilt. Innerhalb einer Woche nach der Mittheilung kann eine Beantwortungsschrift eingereicht werden.

[1] Vgl. Anm. 3 zu § 11.

§. 22.

Die Fristen zur Rechtfertigung und zur Beantwortung der Berufung können auf Antrag von dem Ehrengerichte verlängert werden.

§. 23.

Nach Ablauf der in den §§. 18, 20, 21 und 22 bestimmten Fristen werden die Akten an die Berufungskammer eingesandt. Zu der Verhandlung ist der Beschuldigte vorzuladen[1] und der Staatskommissar[2] zuzuziehen.

Die Berufungskammer kann zur Aufklärung des Sachverhalts vorherige Beweiserhebungen veranlassen.

Auf das Verfahren vor der Berufungskammer finden die Vorschriften der §§. 11, 14, 15 und 16 Anwendung.

[1] Das Erscheinen kann nicht erzwungen werden.

[2] Vgl. Anm. 3 zu § 11.

§. 24.

Ueber jede Vernehmung in der Voruntersuchung und über die Hauptverhandlung ist durch einen vereideten[1] Protokollführer ein Protokoll aufzunehmen.

[1] Die Vereidigung erfolgt durch den Vorsitzenden des Ehrengerichts oder der Berufungskammer.

§. 25.

Neben der Strafe kann auf vollständigen oder theilweisen Ersatz der durch das Verfahren entstandenen baaren Auslagen erkannt werden.[1]

[1] Hinsichtlich der Beitreibung vgl. § 8 Anm. 5.

§. 26.

Die Gerichte sind verpflichtet, dem Ersuchen des Ehrengerichts sowie der Berufungskammer um Vernehmung von Zeugen und Sachverständigen zu entsprechen.

§. 27.

Die mit der Aufsicht über die Börsen betrauten Organe sind verpflichtet, Handlungen der Börsenbesucher, welche zu einem ehrengerichtlichen Verfahren Anlaß geben, zur Kenntniß des Staatskommissars oder, wenn ein solcher nicht bestellt ist, zur Kenntniß des Ehrengerichts zu bringen.[1]

[1] Den öffentlichen Behörden, insbesondere den Gerichten und der Staatsanwaltschaft ist eine gleiche Pflicht nicht auferlegt, weil nach der bestehenden Gesetzgebung die Behörden im Allgemeinen nicht verpflichtet sind, strafbare Handlungen zur Kenntniß der staatlichen Anklagebehörden zu bringen. Die Befugniß ehrengerichtlich zu ahndende Handlungen dem Staatskommissar oder dem Ehrengerichte anzuzeigen, steht den Behörden selbstverständlich zu. (Motive S. 31, K.B. S. 9).

§. 28.[1]

Eine Vereinbarung, durch welche die Betheiligten sich der Entscheidung eines Börsenschiedsgerichts[2] unterwerfen, ist nur verbindlich, wenn jeder der Betheiligten Kaufmann oder für den betreffenden Geschäftszweig in das Börsenregister (§. 54) eingetragen ist oder wenn die Unterwerfung unter das Schiedsgericht nach Entstehung des Streitfalles erfolgt.[3]

[1] § 28 enthält eine Sonderbestimmung, welche zum Schutze des nichtkaufmännischen und mit den Verhältnissen an der Börse nicht vertrauten Publikums bestimmt ist.

Die Motive (S. 31) besagen: „Nach den Erfahrungen im Waarenhandel gewähren die Schiedsgerichte den Vortheil, Rechtsstreitigkeiten durch Berufsgenossen, die über die Bedürfnisse des Verkehrs und die thatsächlichen Verhältnisse genau unterrichtet sind, zur schleunigen Entscheidung zu bringen. Ungerechtfertigt aber ist es, daß durch allgemeine Geschäftsbedingungen, in denen für alle Abschlüsse die Usancen einer bestimmten Börse als maßgebend erklärt werden, das Börsenschiedsgericht vielfach solchen Personen aufgenöthigt wird, welche nicht zu den Börsenbesuchern gehören und häufig die Tragweite des im Voraus erklärten Verzichts auf richterliche Entscheidung nicht zu übersehen in der Lage sind." Letzteren Mißstand beseitigt die Vorschrift des § 28 (vgl. auch K.B. S. 9 u. B.E.K. S. 30).

[2] Die Kommissionen zur Entscheidung über die Lieferbarkeit von Waaren oder Effekten sind als Schiedsgericht im Sinne des § 28 nicht anzusehen. Dagegen kommt der Paragraph z. B. auch dann zur Anwendung, wenn die Betheiligten in der Vereinbarung sich zwar nicht der Entscheidung eines von der Börsenbehörde als Schiedsgericht eingesetzten Organs unterwerfen, aber doch bestimmte an der Börse thätige Personen im Voraus zur Entscheidung etwaiger Streitigkeiten ausersehen haben. (Motive S. 31, 32.)

[3] Abgesehen von der hinsichtlich der Unterwerfung unter die Entscheidung eines Börsenschiedsgerichts ausgesprochenen Einschränkung bleiben die Vorschriften der C.P.O. §§ 851 ff. unberührt.

II. Feststellung des Börsenpreises und Maklerwesen.*)

§. 29.

Bei Waaren oder Werthpapieren,[1] deren Börsenpreis amtlich[2] festgestellt wird, erfolgt diese Feststellung sowohl für Kassa- wie für Zeitgeschäfte[3] durch den Börsenvorstand, soweit die Börsenordnung nicht die Mitwirkung von Vertretern anderer Berufszweige vorschreibt.[4]

Bei der Feststellung darf außer dem Staatskommissar, dem Börsenvorstande, den Börsensekretären, den Kursmaklern[5] und den Vertretern der betheiligten Berufszweige, deren Mitwirkung die Börsenordnung vorschreibt, niemand zugegen sein.[6]

Als Börsenpreis ist derjenige Preis festzusetzen, welcher der wirklichen Geschäftslage des Verkehrs an der Börse entspricht.[7]

[1] Die auf Werthpapiere bezüglichen Bestimmungen des II. Abschnitts gelten auch für Wechsel und ausländische Geldsorten (§ 80).

[2] Die Bestimmung darüber, für welche Gegenstände des Börsenhandels die Preisfeststellung unter amtlicher Kontrole erfolgen muß, überläßt das Gesetz, abgesehen

*) Hinsichtlich der bisherigen Verhältnisse auf dem Gebiet des Maklerwesens vgl. Anlagen zum Bericht der Börsen-Enquetekommission: „Die hauptsächlichsten Börsen Deutschlands u. s. w."

von der im § 35 Ziffer 2 dem Bundesrath eingeräumten Befugniß, den Börsenordnungen. Insoweit eine amtliche Feststellung des Börsenpreises stattfindet, muß sie gemäß §§ 29 Abs. 1 und 2, 30 und 31 erfolgen, es sei denn, daß der Bundesrath auf Grund des § 35 Ziffer 1 eine abweichende Regelung der amtlichen Preisfeststellung für die einzelne Börse zugelassen hat. (Motive S. 33, vgl. Einleitung S. 11—13.)

³ Die Kassageschäfte, welche an der Börse abgeschlossen werden, sind nach den Regeln der größeren deutschen Börsen an demselben oder dem folgenden Tage, ausnahmsweise auch einige Tage später, falls nämlich „per einige Tage" gehandelt wird, zu erfüllen. Bei den Zeitgeschäften dagegen wird die Lieferung der Stücke und die Bezahlung des bedungenen Kaufpreises für einen späteren Zeitpunkt (Ultimo des Monats) verabredet. (Vgl. Saling S. 74.)

⁴ Besonders für die Bewerthung der Waaren erscheint die Betheiligung der außerhalb der Börse stehenden Interessenten wünschenswerth. (K.B. S. 9; vgl. § 4 a. E. u. Anm. 5 zu §. 4.)

⁵ Vgl. § 30.

⁶ Die Vorschrift bezieht sich nur auf den Akt der endgültigen Kursfeststellung. Dieser soll nicht durch die Anwesenheit des Publikums erschwert und unberechtigten Störungen ausgesetzt werden. Von demselben zu scheiden ist das vorausgehende Stadium der Ermittelung des zu notirenden Preises, in welchem die Mitwirkung der Börsenbesucher erwünscht ist. So kann z. B. wie in den Verhandlungen der Reichstagskommission hervorgehoben ist (K.B. S. 10) das an der Berliner Börse bei Feststellung des Kurses für Kassageschäfte in Werthpapieren bisher übliche Verfahren im Allgemeinen beibehalten werden. Dasselbe verläuft derart, daß die vereidigten Makler, sobald das Kursmachen beginnt, in der

Börse selbst denjenigen Kurs öffentlich ausrufen, der sich nach Lage des Geschäfts ergiebt, und dadurch das Publikum in die Lage versetzen, diesen Kurs auf seine Richtigkeit zu prüfen und durch weitere Geschäfte, welche es den Maklern aufgiebt, richtig zu stellen. Die eigentliche Feststellung erfolgt jedoch erst in dem Zimmer des Börsenkommissars, in das, von besonderen Ausnahmen abgesehen, nur die vereidigten Makler, die Börsenkommissare und die Börsensekretäre zugelassen werden. Nach dem Willen des Gesetzes soll aber der Schwerpunkt der Kursnotirungen mehr als bisher üblich in die Mitwirkung der Börsenorgane selbst verlegt werden, während zur Zeit die Feststellung der Kurse der Werthpapiere an der Berliner Börse thatsächlich fast ganz in den Händen der vereidigten Makler liegt, und die Börsenkommissare nur eingreifen, wenn Beschwerden gegen Notirungen der Makler erhoben werden. (B.E.K. S. 157, Motive S. 14.)

[7] D. h. der Preis, welcher sich bei Vergleichung einer Anzahl an der betreffenden Börse geschlossener Geschäfte als die von besonderen persönlichen Beziehungen und sonstigen speziellen Umständen unabhängige Bewerthung der Waare oder des Werthpapiers darstellt. (B.E.K. S. 152 ff., Motive S. 33, K.B. S. 10; vgl. auch R.O.H.G. 2 S. 95.). Gewinnen die mit der amtlichen Feststellung des Börsenpreises vertrauten Organe die Ueberzeugung, daß die ihnen von den Kursmaklern (§ 30) mitgetheilten oder sonst zu ihrer Kenntniß gekommenen Geschäfte ein Urtheil über die wirkliche Lage des Geschäftsverkehrs an der Börse nicht gestatten oder derselben widersprechen, so ist der Börsenpreis unabhängig von diesen Geschäftsabschlüssen festzusetzen oder die Notirung zu versagen. (K.B. S. 11.) In letzterem Falle kann Niemand, insbesondere nicht der Kommissionär (§ 71), sich auf die thatsächlich abgeschlossenen Geschäfte zum Nachweis eines vorhandenen Börsenpreises beziehen. (K.B. S. 11).

Andererseits ist der Nachweis nicht abgeschnitten, daß die amtliche Festsetzung, z. B. infolge Irrthums, Betruges, der wirklichen Geschäftslage nicht entspricht. (Motive S. 33, K.B. S. 11, vgl. Art. 353 H.G.B.).

§. 30.

Zur Mitwirkung[1] bei der amtlichen Festsetzung des Börsenpreises von Waaren und Werthpapieren sind Hülfspersonen (Kursmakler) zu ernennen.[2] Sie müssen, solange sie die Thätigkeit als Kursmakler ausüben, die Vermittelung von Börsengeschäften in den betreffenden Waaren oder Werthpapieren betreiben.[3] Sie werden von der Landesregierung bestellt und entlassen und leisten vor Antritt ihrer Stellung den Eid, daß sie die ihnen obliegenden Pflichten getreu erfüllen werden.[4] [5]

Eine Vertretung der Kursmakler (Maklerkammer) ist bei der Bestellung neuer Kursmakler und bei Vertheilung der Geschäfte unter die einzelnen Makler gutachtlich zu hören.[6] Die näheren Bestimmungen über die Bestellung und Entlassung der Kursmakler[7] und die Organisation ihrer Vertretung sowie über ihr Verhältniß zu den Staatskommissaren und den Börsenorganen werden von der Landesregierung erlassen.[8]

[1] Die Mitwirkung der Kursmakler besteht darin, daß sie durch Mittheilung der von ihnen vermittelten Geschäfte und der sonst zu ihrer Kenntniß gelangenden, für die Beurtheilung der Geschäftslage an der Börse erheblichen Umstände in erster Linie das Material zur

Feststellung des Börsenpreises liefern. Die endgültige Entscheidung über die Bewerthung der Waaren oder Werthpapiere und die Verantwortung hierfür liegt dem Börsenvorstande ob und den etwa zur Mitwirkung berufenen Vertretern anderer Berufszweige (§ 29 Abs. 1). (Motive S. 33.) Das Institut der zur Vermittelung von Börsengeschäften amtlich bestellten Handelsmakler hebt das Gesetz auf. (§ 34 Abs. 1.)

[2] Die Regierungsvorlage enthielt die weitere Bestimmung, daß die Kursmakler „aus dem Kreise der Vermittler" zu entnehmen seien. Die jetzige Fassung giebt die Möglichkeit, auch solche Personen zu Kursmaklern zu ernennen, welche bisher das Maklergeschäft nicht betrieben haben, sich jedoch durch besondere Sach- und Fachkenntniß auszeichnen. (K.B. S. 11.)

[3] Sie können der Maklerthätigkeit auch hinsichtlich anderer Gegenstände des Börsenhandels obliegen, dürfen aber grundsätzlich ein sonstiges Handelsgewerbe (vgl. § 32 Abs. 2) nicht betreiben.

[4] Den Landesregierungen ist auch überlassen zu bestimmen, auf welche Zeitdauer die Makler zu bestellen sind oder ob dieselben etwa ohne zeitliche Grenze unter Vorbehalt des Widerrufs angestellt werden sollen. Die Börsen-Enquetekommission empfiehlt Anstellung auf kürzere Zeit. (Motive S. 35, B.E.K. S. 156.)

Für Preußen vgl. Erlaß des Ministers für Handel und Gewerbe vom 14. November 1896 unten S. 151 ff.

[5] Werden an den einzelnen Börsen vorhandene vereidete Makler zu Kursmaklern ernannt, so sind sie neu zu bestellen und zu vereidigen. (K.B. S. 12.)

[6] Die Regierungsvorlage, welche die Bildung der Maklerkammern nicht vorsah, bestimmte, daß die Kursmakler nach Anhörung der Börsenorgane (vgl. § 2 Anm. 5) zu bestellen und zu entlassen seien. Durch die jetzige Fassung soll die Anhörung der Börsenorgane nicht ausgeschlossen werden. Die Landesregierung hat jedoch die

freie Bestimmung über die Bestellung und die Entlassung. (K.B. S. 12.)

[7] Die Kursmakler unterstehen sowohl der Börsenpolizei (§ 8) wie der Jurisdiktion des Ehrengerichts (§ 10). Verletzungen der eidlich übernommenen Pflichten werden aber auch nach Maßgabe der von den Landesregierungen für die Bestellung der Kursmakler gegebenen besonderen Vorschriften zu sühnen sein. (Motive S. 35.)

[8] Zu Abs. 2 vgl. für Preußen den zu Anm. 4 erwähnten Erlaß und den weiteren Erlaß des Ministers für Handel und Gewerbe vom 4. Dezember 1896 unten S. 154 ff.

§. 31.

Bei Geschäften in Waaren oder Werthpapieren kann ein Anspruch auf Berücksichtigung bei der amtlichen Feststellung des Börsenpreises nur erhoben werden, wenn sie durch Vermittelung eines Kursmaklers abgeschlossen sind.[1] Die Berechtigung des Börsenvorstandes, auch andere Geschäfte zu berücksichtigen, bleibt hierdurch unberührt.[2]

[1] § 31 geht von der Erwägung aus, daß, wenn auch eine zutreffende Preisnotiz die möglichst vollständige Beachtung der an der Börse abgeschlossenen Geschäfte voraussetzt, nur die Vermittelung durch die Kursmakler eine durchweg sichere Gewähr dafür bietet, daß die Geschäfte oder der Preis oder etwa vorliegende besondere Umstände richtig bei der Preisfeststellung angegeben werden. Für die nicht durch Kursmakler vermittelten Geschäfte fehlt es in dieser Hinsicht an einer Kontrole und es kann daher ihre Berücksichtigung bei der amtlichen Feststellung des Börsenpreises von den Parteien oder Vermittlern nicht beansprucht werden.

Von der Benutzung der übrigen Börseneinrichtungen (Schiedsgerichte, Sachverständigenkommissionen u. s. w.)

sind die nicht von Kursmaklern vermittelten Geschäfte nicht ausgeschlossen.

[2] Der Börsenvorstand hat nicht nur das Recht, auch Geschäfte zu berücksichtigen, welche von Kursmaklern nicht vermittelt sind, sondern er hat die Pflicht, dies zu thun, wenn die von den Kursmaklern vermittelten Geschäfte ein richtiges Urtheil über die Lage des Marktes nicht gestatten und den „anderen Geschäften" ein berechtigter Einfluß auf die Bewerthung zuzuschreiben ist. (K.B. S. 13.)

§. 32.

Die Kursmakler dürfen in den Geschäftszweigen, für welche sie bei der amtlichen Feststellung des Börsenpreises mitwirken, nur insoweit für eigene Rechnung oder in eigenem Namen Handelsgeschäfte schließen oder eine Bürgschaft für die von ihnen vermittelten Geschäfte übernehmen, als dies zur Ausführung der ihnen ertheilten Aufträge nöthig ist;[1] die Landesregierung bestimmt, in welcher Weise die Beobachtung dieser Vorschrift zu überwachen ist.[2] Die Gültigkeit der abgeschlossenen Geschäfte wird hierdurch nicht berührt.[3]

Die Kursmakler dürfen, soweit nicht die Landesregierung Ausnahmen zuläßt, kein sonstiges Handelsgewerbe betreiben[4] auch nicht an einem solchen als Kommanditist oder stiller Gesellschafter betheiligt sein; ebensowenig dürfen sie zu einem Kaufmann in dem Verhältnisse eines Prokuristen, Handlungsbevollmächtigten oder Handlungsgehülfen stehen.[5]

[1] Nach Artikel 69 Ziffer 1 des Handelsgesetzbuchs dürfen die Handelsmakler für eigene Rechnung weder

mittelbar noch unmittelbar Handelsgeschäfte abschließen, sich auch nicht für die Erfüllung von ihnen vermittelter Geschäfte verbindlich machen oder Bürgschaft leisten. Dieses Verbot hat sich als zu weitgehend und praktisch undurchführbar erwiesen und ist daher in dieser Allgemeinheit nicht übernommen worden. Innerhalb der im § 32 gezogenen Grenzen ist das Verbot für die Kursmakler aufrechterhalten, um die amtliche Autorität derselben und das Vertrauen in ihre Unparteilichkeit zu wahren. (B.E.K. S. 155 ff., Motive S. 34, K.B. S. 14.)

Die Befugniß, für eigene Rechnung oder in eigenem Namen Geschäfte zu schließen, steht den Kursmaklern nicht nur zu, wenn der Auftrag zum Theil nicht durch Abschluß mit einem Dritten erledigt werden kann, sondern auch dann, wenn das Geschäft behufs ordnungsmäßiger Ausführung des Auftrages im Ganzen zu übernehmen ist. Jedoch muß sich der Kursmakler zunächst gewissenhaft bemühen, den Abschluß mit einem Anderen zu erreichen. (Motive S. 36.)

[2] Für die Berliner Börse vgl. §§ 24 u. 27 des Erlasses vom 4. Dezember 1896 unten S. 154 ff.

[3] Auch der Kursmakler selbst kann also auf Grund eines Geschäfts klagen, welches er entgegen dem Verbote des § 32 abgeschlossen hat.

[4] D. h. kein Handelsgewerbe, das nicht in der Vermittelung von Handelsgeschäften besteht. Die Maklerthätigkeit dürfen die Kursmakler auch in solchen Geschäftszweigen ausüben, für welche sie nicht bei der amtlichen Feststellung des Börsenpreises mitwirken. (Vgl. Anm. 3 zu § 30.)

[5] Die Regierungsvorlage enthielt noch die weitere Bestimmung:

„Zu keinem Geschäfte dürfen die Kursmakler die Einwilligung der Parteien oder deren Bevollmächtigter anders annehmen, als durch ausdrückliche und persönliche Erklärung; es ist ihnen weder erlaubt, von

Abwesenden Aufträge zu übernehmen, noch sich zur Vermittelung eines Unterhändlers zu bedienen."

In der Reichstagskommission ist, wie der Bericht S. 15 besagt, zur Begründung der Streichung dieses Satzes ausgeführt, daß die aus dem Handelsgesetzbuche (Art. 69 Ziffer 6) übernommene Bestimmung der freieren Stellung der Kursmakler nicht entspräche und an größeren Börsen praktisch nicht durchführbar sei. Ein Makler mit ausgedehntem Geschäft beschäftige eine große Anzahl von Gehülfen, die thatsächlich als Unterhändler thätig wären und als solche zur Vermittelung von Geschäften benutzt würden. Auch sei es unmöglich, sich bei Entgegennahme von Aufträgen in allen Fällen auf den mündlichen Verkehr zu beschränken. Die Frage, ob der Makler auch von Abwesenden allgemein Aufträge entgegenzunehmen berechtigt sei, solle nicht weiter erörtert und könne durch die Börsenordnungen entschieden werden.

§. 33.

Die im Artikel 67 Absatz 2, im Artikel 71 Absatz 1 und in den Artikeln 72 bis 74, 76, 79 bis 83 des Handelsgesetzbuchs enthaltenen Vorschriften finden auf die Kursmakler Anwendung.[1]

Das von dem Kursmakler zu führende Tagebuch muß vor dem Gebrauche Blatt für Blatt mit fortlaufenden Zahlen bezeichnet und dem Börsenvorstande zur Beglaubigung der Zahl der Blätter vorgelegt werden.[2]

Wenn ein Kursmakler stirbt oder aus dem Amt scheidet, ist sein Tagebuch bei dem Börsenvorstande niederzulegen.[3]

[1] Die in Bezug genommenen Vorschriften sind folgende:

Artikel 67 Absatz 2. Durch die übertragene Geschäftsvermittelung ist ein Handelsmäkler noch nicht als bevollmächtigt anzusehen, eine Zahlung oder eine andere im Vertrage bedungene Leistung in Empfang zu nehmen.

Artikel 71 Absatz 1. Der Handelsmäkler muß außer seinem Handbuche ein Tagebuch führen, in welches letztere alle abgeschlossenen Geschäfte täglich einzutragen sind. Das Eingetragene hat er täglich zu unterzeichnen.

Artikel 72. Die Eintragungen in das Tagebuch müssen die Namen der Kontrahenten, die Zeit des Abschlusses, die Bezeichnung des Gegenstandes und die Bedingungen des Geschäfts, insbesondere bei Verkäufen von Waaren die Gattung und Menge derselben, sowie den Preis und die Zeit der Lieferung enthalten.

Die Eintragnngen müssen in Deutscher Sprache, oder, sofern die Geschäftssprache des Ortes eine andere ist, in dieser geschehen; sie müssen nach Ordnung des Datums und ohne leere Zwischenränme erfolgen.

Die Bestimmungen über die Einrichtung der Handelsbücher (Artikel 32.) finden auch auf das Tagebuch des Mäklers Anwendung.

Artikel 73. Der Handelsmäkler muß ohne Verzug nach Abschluß des Geschäfts jeder Partei eine von ihm unterzeichnete Schlußnote, welche die in dem vorhergehenden Artikel als Gegenstand der Eintragung bezeichneten Thatsachen enthält, zustellen.

Bei Geschäften, welche nicht sofort erfüllt werden sollen, ist die Schlußnote den Parteien zu ihrer Unterschrift zuzustellen und jeder Partei das von der anderen unterschriebene Exemplar zu übersenden.

Verweigert eine Partei die Annahme oder Unterschrift der Schlußnote, so muß der Handelsmäkler davon der anderen Partei ohne Verzug Anzeige machen.

Artikel 74. Der Handelsmäkler ist verpflichtet, den Parteien zu jeder Zeit auf Verlangen beglaubigte Auszüge aus dem Tagebuche zu geben, die Alles enthalten müssen, was von dem Mäkler in Ansehung des die Parteien angehenden Geschäfts eingetragen ist.

Artikel 76. Der Abschluß eines durch Handelsmäkler vermittelten Vertrages ist von der Eintragung desselben in das Tagebuch oder von der Aushändigung der Schlußnoten unabhängig.

Diese Thatsachen dienen nur zum Beweise des ab- abgeschlossenen Vertrages.

Artikel 79. Im Laufe eines Rechtsstreits kann der Richter, selbst ohne Antrag einer Partei, die Vorlegung des Tagebuchs verordnen, um dasselbe einzusehen und mit der Schlußnote, den Auszügen und anderen Beweismitteln zu vergleichen.

Artikel 80. Der Handelsmäkler muß, sofern nicht die Parteien ihm dieses erlassen haben oder der Ortsgebrauch mit Rücksicht auf die Gattung der Waare davon entbindet, von jeder durch seine Vermittelung nach Probe verkauften Waare die Probe, nachdem er dieselbe behufs der Wiedererkennung gezeichnet hat, so lange aufbewahren, bis die Waare ohne Einwendung gegen ihre Beschaffenheit angenommen, oder das Geschäft in anderer Weise erledigt ist.

Artikel 81. Jedes Verschulden des Handelsmäklers berechtigt die dadurch beschädigte Partei, Schadloshaltung von ihm zu fordern.

Artikel 82. Der Handelsmäkler hat die Mäklergebühr (Sensarie) zu fordern, sobald das Geschäft geschlossen und, wenn es ein bedingtes war, unbedingt geworden und von ihm seiner Verpflichtung wegen Zustellung der Schlußnoten Genüge geschehen ist, unbeschadet anderweiter Bestimmung durch örtliche Verordnungen oder durch Ortsgebrauch.

Ist das Geschäft nicht zum Abschlusse gekommen, oder nicht zu einem unbedingten geworden, so kann für die Unterhandlungen keine Mäklergebühr gefordert werden.

Der Betrag der Mäklergebühr wird durch örtliche Verordnungen geregelt; in Ermangelung derselben entscheidet der Ortsgebrauch.

Artikel 83. Ist unter den Parteien nichts darüber vereinbart, wer die Mäklergebühr bezahlen soll, so ist dieselbe in Ermangelung örtlicher Verordnungen oder eines Ortsgebrauchs von jeder Partei zur Hälfte zu entrichten.

[2] Vgl. H.G.B. Art. 71 Abs. 2.
[3] Vgl. HGB. Art. 75.

§. 34.

Für die Vermittelung von Börsengeschäften findet eine amtliche Bestellung von Handelsmaklern im Sinne des Artikels 66 des Handelsgesetzbuchs nicht statt;[1] die bisher erfolgten Bestellungen verlieren ihre Wirksamkeit.

Zur Vornahme der nach den Artikeln 311, 343, 348, 354, 357, 365, 366 und 387 des Handelsgesetzbuchs[2] durch einen Handelsmakler zu bewirkenden Verkäufe sind auch die Kursmakler sowie die sonst zur Vornahme von Verkäufen der bezeichneten Art oder von Versteigerungen öffentlich ermächtigten Handelsmakler befugt.

[1] Die Institution der amtlich bestellten Vermittler für Handelsgeschäfte ist im Börsenverkehr hierdurch beseitigt.

[2] Die angezogenen Artikel lauten:

Artikel 311. Wenn die Bestellung eines Faustpfandes unter Kaufleuten für eine Forderung aus beiderseitigen Handelsgeschäften erfolgt, und schriftlich vereinbart ist, daß der Gläubiger ohne gerichtliches Verfahren sich aus dem Pfande befriedigen könne, so darf, wenn der Schuldner im Verzuge ist, der Gläubiger das Pfand öffentlich verkaufen lassen; er darf in diesem Falle, wenn die verpfändeten Gegenstände einen Börsenpreis oder Marktpreis haben, den Verkauf auch nicht öffentlich durch einen Handelsmäkler oder in Ermangelung eines solchen durch einen zu Versteigerungen befugten Beamten zum laufenden Preise bewirken. Von der Vollziehung des Verkaufs hat der Gläubiger den Schuldner, soweit es thunlich, sofort zu benachrichtigen; bei Unterlassung der Anzeige ist er zum Schadensersatze verpflichtet.

Artikel 343. Der Verkäufer ist verpflichtet, die Waare, so lange der Käufer mit der Empfangnahme nicht im Verzuge ist, mit der Sorgfalt eines ordentlichen Geschäftsmannes aufzubewahren.

Ist der Käufer mit der Empfangnahme der Waare im Verzuge, so kann der Verkäufer die Waare auf Gefahr und Kosten des Käufers in einem öffentlichen Lagerhause oder bei einem Dritten niederlegen. Er ist auch befugt, nach vorgängiger Androhung die Waare öffentlich verkaufen zu lassen; er darf, wenn die Waare einen Börsenpreis oder einen Marktpreis hat, nach vorgängiger Androhung den Verkauf auch nicht öffentlich durch einen Handelsmäkler oder in Ermangelung eines solchen durch einen zu Versteigerungen befugten Beamten zum laufenden Preise bewirken. Ist die Waare dem Verderben ausgesetzt und Gefahr im Verzuge, so bedarf es der vorgängigen Androhung nicht.

Von der Vollziehung des Verkaufs hat der Verkäufer den Käufer, soweit es thunlich, sofort zu benachrichtigen; bei Unterlassung ist er zum Schadensersatze verpflichtet.

Artikel 348. Wenn der Käufer die von einem anderen Orte übersendete Waare beanstandet, so ist er verpflichtet, für die einstweilige Aufbewahrung derselben zu sorgen.

Er kann, wenn sich bei der Ablieferung oder später Mängel ergeben, den Zustand der Waare durch Sachverständige feststellen lassen. Der Verkäufer ist in gleicher Weise berechtigt, diese Feststellungen zu verlangen, wenn ihm der Käufer die Anzeige gemacht hat, daß er die Waare wegen Mängel beanstande.

Die Sachverständigen ernennt auf Antrag des Betheiligten das Handelsgericht oder in dessen Ermangelung der Richter des Orts.

Die Sachverständigen haben das Gutachten schriftlich oder zu Protokoll zu erstatten.

Ist die Waare dem Verderben ausgesetzt und Gefahr im Verzuge, so kann der Käufer die Waare unter Beobachtung der Bestimmungen des Artikels 343 verkaufen lassen.

Artikel 354. Wenn der Käufer mit der Zahlung des Kaufpreises im Verzuge und die Waare noch nicht übergeben ist, so hat der Käufer die Wahl, ob er die Erfüllung des Vertrages und Schadensersatz wegen verspäteter Erfüllung verlangen, oder ob er statt der Erfüllung die Waare unter Beobachtung der Bestimmungen des Artikels 343 für Rechnung des Käufers verkaufen und Schadensersatz fordern, oder ob er von dem Vertrage abgehen will, gleich als ob derselbe nicht geschlossen wäre.

Artikel 357. Ist bedungen, daß die Waare genau zu einer festbestimmten Zeit oder binnen einer festbestimmten Frist geliefert werden soll, so kommt der Artikel 356 nicht zur Anwendung. Der Käufer sowie der Verkäufer kann die Rechte, welche ihm gemäß Artikel 354 oder 355 zustehen, nach seiner Wahl ausüben. Es muß jedoch derjenige, welcher auf der Erfüllung bestehen will, dies unverzüglich nach Ablauf der Zeit oder der Frist dem anderen Kontrahenten anzeigen; unterläßt er dies, so kann er später nicht auf der Erfüllung bestehen.

Will der Verkäufer statt der Erfüllung für Rechnung des säumigen Käufers verkaufen, so muß er, im Falle die Waare einen Markt- oder Börsenpreis hat, den Verkauf unverzüglich nach Ablauf der Zeit oder der Frist vornehmen. Ein späterer Verkauf gilt nicht als für Rechnung des Käufers geschehen. Eine vorgängige Androhung ist nicht erforderlich, dagegen hat der Verkäufer auch in diesem Falle den bewirkten Verkauf dem Käufer ungesäumt anzuzeigen.

Wenn der Käufer statt der Erfüllung Schadensersatz wegen Nichterfüllung fordert, so besteht, im Falle die Waare einen Markt- oder Börsenpreis hat, der Betrag des von dem Verkäufer zu leistenden Schadensersatzes in der Differenz zwischen dem Kaufpreise und dem Markt- und Börsenpreise zur Zeit und am Orte der geschuldeten Lieferung, unbeschadet des Rechts des Käufers, einen erweislich höheren Schaden geltend zu machen.

Artikel 365. Wenn das Gut, welches dem Kommissionair zugesandt wird, bei der Ablieferung sich in einem äußerlich erkennbar beschädigten oder mangelhaften Zustande befindet, so muß der Kommissionair die Rechte gegen den Frachtführer oder Schiffer wahren, für den Beweis jenes Zustandes sorgen und dem Kommittenten ohne Verzug Nachricht geben.

Im Unterlassungsfalle ist er für den daraus entstandenen Schaden verantwortlich.

Er kann den Zustand durch Sachverständige feststellen lassen, und wenn das Gut dem Verderben ausgesetzt und Gefahr im Verzuge ist, unter Beobachtung der Bestimmungen des Artikels 343 den Verkauf des Guts bewirken.

Artikel 366. Treten Veränderungen an dem Gute ein, welche dessen Entwerthung befürchten lassen, und ist keine Zeit vorhanden, die Verfügung des Kommittenten einzuholen, oder der Kommittent in der Ertheilung der Verfügung säumig, so kann der Kommissionair unter Beobachtung der Bestimmungen des Artikels 343 den Verkauf des Guts veranlassen.

Ein gleiches Recht hat der Kommissionair in allen anderen Fällen, in welchen der Kommittent, obwohl hierzu nach Lage der Sache verpflichtet, über das Gut zu verfügen unterläßt.

Artikel 387. Im Uebrigen sind die Rechte und Pflichten des Spediteurs, soweit dieser Titel keine Bestimmungen darüber enthält, nach den Grundsätzen des vorigen Titels zu beurtheilen; insbesondere kommen die Bestimmungen, welche in den Artikeln 365 bis 367 für den Kommissionair gegeben sind, auch für den Spediteur zur Anwendung.

§. 35.

Der Bundesrath ist befugt:

1. eine von den Vorschriften im §. 29 Absatz 1 und 2 und in den §§. 30 und 31 abweichende amtliche Feststellung des Börsenpreises von Waaren oder Werthpapieren für einzelne Börsen zuzulassen;
2. eine amtliche Feststellung des Börsenpreises bestimmter Waaren[1] allgemein oder für einzelne Börsen vorzuschreiben;
3. Bestimmmungen zu erlassen, um eine Einheitlichkeit der Grundsätze über die den Feststellungen von Waarenpreisen zu Grunde zu legenden Mengen und über die für die Feststellung der Preise von Werthpapieren maßgebenden Gebräuche herbeizuführen.[2]

Die Befugniß der Landesregierung zu Anordnungen der im Absatz 1 Ziffer 2 und 3 bezeichneten

Art wird hierdurch nicht berührt, soweit der Bundesrath von seiner Befugniß keinen Gebrauch gemacht hat. Diese Anordnungen sind dem Reichskanzler zur Kenntnißnahme mitzutheilen.

[1] Der Bundesrath wird hierdurch in die Lage gesetzt zu verhüten, daß der börsenbehördlichen Feststellung des Börsenpreises solche Waaren entzogen bleiben, hinsichtlich deren einer amtlichen Notirung ausschlaggebende Bedenken nicht entgegenstehen, während sie im Allgemeininteresse wünschenswerth ist. (Motive S. 33.)

In Bezug auf Werthpapiere ist dem Bundesrath eine gleiche Befugniß nicht beigelegt, weil die amtliche Feststellung des Börsenpreises bei einer großen Reihe von Werthpapieren nicht von solcher Bedeutung ist, wie bei zahlreichen Waarengattungen, und andererseits schon die im § 71 gegebene Vorschrift, welche das Eintrittsrecht des Kommissionärs auf solche Werthpapiere beschränkt, bei denen ein Börsenpreis amtlich festgestellt wird, auf die Verallgemeinerung der amtlichen Preisnotirung von Werthpapieren hindrängt. (Motive S. 33.)

[2] Es handelt sich um die Beseitigung von Verschiedenheiten, welche zur Irreführung des Publikums dienen können, wie solche zur Zeit an den einzelnen Börsen, z. B. im Effektengeschäft in Bezug auf die Berechnung ausländischer Geldsorten, im Waarenverkehr hinsichtlich der Bezeichnung der Maaße und Gewichte bestehen. (B.E.K. S. 160, Motive S. 53.)

III. Zulassung von Werthpapieren zum Börsenhandel.

§. 36.

Die Zulassung von Werthpapieren zum Börsenhandel erfolgt an jeder Börse durch eine Kommission

(Zulassungsstelle), von deren Mitgliedern mindestens die Hälfte aus Personen bestehen muß, welche nicht ins Börsenregister für Werthpapiere (§. 54) eingetragen sind.[1 2]

Von der Berathung und Beschlußfassung über die Zulassung eines Werthpapiers zum Börsenhandel sind diejenigen Mitglieder ausgeschlossen, welche an der Einführung dieses Werthpapiers in den Börsenhandel betheiligt sind; für die ausscheidenden Mitglieder sind Stellvertreter nach näherer Bestimmung der Börsenordnung zu berufen.

Die Zulassungsstelle hat die Aufgabe und die Pflicht:[3]

a) die Vorlegung der Urkunden, welche die Grundlage für die zu emittirenden Werthpapiere bilden,[4] zu verlangen und diese Urkunden zu prüfen;

b) dafür zu sorgen, daß das Publikum über alle zur Beurtheilung der zu emittirenden Werthpapiere nothwendigen thatsächlichen und rechtlichen Verhältnisse soweit als möglich informirt wird,[5] und bei Unvollständigkeit der Angaben die Emission nicht zuzulassen;

c) Emissionen nicht zuzulassen, durch welche erhebliche allgemeine Interessen geschädigt werden oder welche offenbar zu einer Uebervortheilung des Publikums führen.

Die Zulassungsstelle darf die Emission ohne Angabe von Gründen ablehnen. Im Uebrigen werden die Bestimmungen über die Zusammensetzung der Zulassungsstelle[6] sowie über die Zulässigkeit einer Beschwerde gegen deren Entscheidungen durch die Börsenordnungen getroffen. Die Zulassungsstelle ist befugt, zum Börsenhandel zugelassene Werthpapiere von demselben auszuschließen.[7]

Die Zulassung deutscher Reichs- und Staatsanleihen darf nicht versagt werden.[8]

[1] Die Regierungsvorlage enthielt an Stelle der Voraussetzung: „welche nicht ins Börsenregister für Werthpapiere eingetragen sind“ die Bedingung: „welche sich nicht gewerbsmäßig am Börsenhandel mit Werthpapieren betheiligen“. Die jetzige Fassung soll, „da zweifellos alle gewerbsmäßig am Börsenhandel in Werthpapieren betheiligten Personen sich in das Börsenregister eintragen lassen würden“, den Interessen des kaufenden Publikums größeren Schutz als die Bestimmung der Vorlage gewähren. (K.B. S. 16.)

Der Bundesrath kann auf Grund des § 42 Abs. 2 noch weiter gehende Bestimmungen über die Zusammensetzung der Zulassungsstelle treffen. (K.B. S. 16).

[2] Den in das Börsenregister für Werthpapiere eingetragenen Personen stehen diejenigen gleich, welche zwar nicht selbst eingetragen sind, aber dem Vorstande oder dem Aufsichtsrathe einer in das Register für Werthpapiere eingetragenen Gesellschaft angehören. (K.B. S. 18.)

[3] Vgl. § 42 Abs. 2 u. 3.

[4] Vgl. §§ 8 u. 9 der Bekanntmachung des Reichskanzlers vom 11. Dezember 1896 (abgedruckt S. 128 ff.).

[5] Durch den Prospekt (§ 38 Abs. 2; vgl. Anm. 9 zu § 43). Die Zulassungsstelle übernimmt ebensowenig eine Gewähr für die Richtigkeit der gemachten Angaben wie für die Güte des einzuführenden Werthpapieres überhaupt.

Sie soll nur darüber wachen, daß alle Thatsachen öffentlich mitgetheilt werden, deren Kenntniß für die Beurtheilung des Unternehmens erforderlich erscheint. Die weitere Prüfung liegt dem Publikum selbst ob. (B.E.K. S. 48 u. 49, Motive S. 41, K.B. S. 18 u. 19.) (Vgl. § 11 der zu Anm. 4 angezogenen Bekanntmachung.)

[6] Der Landesregierung steht es insbesondere auch zu, nähere Vorschriften hinsichtlich der Wahl und Bestellung derjenigen Mitglieder der Zulassungsstelle aufzustellen, die nicht ins Börsenregister für Werthpapiere eingetragen sein dürfen, z. B. ihre staatliche Bestätigung vorzuschreiben. (B.E.K. S. 45, Motive S. 41.)

[7] Auch solche Werthpapiere, welche bereits vor dem Inkrafttreten des Börsengesetzes zugelassen waren.

[8] Sie muß jedoch bei der Zulassungsstelle beantragt werden.

§. 37.

Wird von der Zulassungsstelle einer Börse der Antrag auf Zulassung von Werthpapieren zum Börsenhandel abgelehnt, so hat die Zulassungsstelle den Vorständen der übrigen deutschen Börsen für Werthpapiere Mittheilung zu machen. Dabei ist anzugeben, ob die Ablehnung mit Rücksicht auf örtliche Verhältnisse oder aus anderen Gründen erfolgt ist.[1] In letzterem Falle darf die Zulassung von einer anderen Börse nur mit Zustimmung derjenigen Stelle ertheilt werden, welche die Zulassung abgelehnt hat.[2]

Der Antragsteller hat anzugeben, ob das Gesuch um Zulassung bereits bei einer anderen Börse eingereicht ist oder gleichzeitig eingereicht wird.[3] Ist dies der Fall, so sollen die Werthpapiere nur mit

Zustimmung der anderen Zulassungsstelle zugelassen werden.

[1] Ist die Ablehnung lediglich mit Rücksicht auf örtliche Verhältnisse erfolgt, so sind die Zulassungsstellen anderer Börsenplätze in ihrer Entscheidung nicht beschränkt.

[2] Gegen die Verweigerung der Zustimmung ist, falls eine Beschwerdeinstanz der angegangenen Zulassungsstelle übergeordnet ist (§ 36 Abs. 4), bei dieser Beschwerde zu erheben. (Motive S. 41.) Im Uebrigen wird die staatliche Aufsichtsbehörde in der Lage sein, in Fällen unberechtigter Verweigerung der Zustimmung Abhülfe zu schaffen. (Motive S. 38.)

[3] Das Unterlassen der Angabe kann ehrengerichtliche Ahndung nach sich ziehen. Auch kann die Zurücknahme der Zulassung stattfinden. (Motive S. 41.)

§. 38.

Nach Einreichung des Antrages auf Zulassung von Werthpapieren [1] ist derselbe von der Zulassungsstelle unter Bezeichnung der Einführungsfirma, des Betrages sowie der Art der einzuführenden Werthpapiere zu veröffentlichen.[2] Zwischen dieser Veröffentlichung und der Einführung an der Börse muß eine Frist von mindestens sechs Tagen liegen.[3]

Vor der Zulassung[4] ist, sofern es sich nicht um deutsche Reichs- oder Staatsanleihen handelt,[5] ein Prospekt zu veröffentlichen, welcher die für die Beurtheilung des Werthes der einzuführenden Papiere wesentlichen Angaben enthält.[6] Das Gleiche gilt für Konvertirungen und Kapitalserhöhungen. Der Prospekt muß den Betrag, welcher in den Verkehr gebracht, sowie den Betrag, welcher vorläufig vom Verkehr ausgeschlossen werden soll, und die Zeit, für welche dieser Ausschluß erfolgen soll, ersichtlich machen.

Für Schuldverschreibungen, bezüglich deren das Reich oder ein Bundesstaat die volle Garantie übernommen hat, und für Schuldverschreibungen kommunaler Körperschaften und kommunalständischer Kreditinstitute sowie der unter staatlicher Aufsicht stehenden Pfandbriefanstalten kann die Landesregierung (§. 1) von der Verpflichtung zur Einreichung eines Prospekts entbinden.[7]

[1] Vgl. § 4 der Bekanntmachung des Reichskanzlers vom 11. Dezember 1896 unten S. 128 ff.

[2] Durch die Veröffentlichung soll dem Publikum und der Presse Gelegenheit gegeben werden, die einzuführenden Werthpapiere in Bezug auf ihre Sicherheit einer Prüfung zu unterziehenund etwaige Bedenken gegen die Zulassung zur Kenntnißder Zulassungsstelle zu bringen. Vgl. § 10 der S. 128 ff. abgedruckten Bekanntmachung.

[3] Das Gesetz schreibt nur „die in jedem Falle einzuhaltende Frist" vor. Dem Bundesrath und den Landesregierungen (vgl. § 42 Abs. 2 u. 3) ist vorbehalten, erforderlichenfalls eine den praktischen Bedürfnissen entsprechende, abgestufte Erweiterung der Frist für einzelne Arten von Werthpapieren herbeizuführen. (K.B. S. 21/22.) Hinsichtlich der Vertheilung der Gesammtfrist von mindestens 6 Tagen auf die verschiedenen Stadien des Verfahrens vgl. §§ 12 und 15 der Bekanntmachung des Reichskanzlers unten S. 128 ff.

[4] D. h. vor der Einführung an der Börse, nicht vor der Beschlußfassung der Zulassungsstelle.

[5] Die Befreiung deutscher Reichs- und Staatsanleihen

von dem Prospektenzwange beruht ebenso wie die Vorschrift in § 36 Abs. 5 darauf, daß bei ihnen die Prüfung ihrer Rechtsbeständigkeit und der Legitimation der dieselben kontrahirenden Behörden sich erübrigt, ihre unzweifelhafte Sicherheit es auch unnöthig macht, das Publikum besonders aufzuklären. (Motive S. 41.)

[6] Vgl. §§ 5—7 der Bekanntmachung des Reichskanzlers unten S. 128 ff.

[7] Die Entbindung kann generell für alle im Staatsgebiete befindlichen Börsen erfolgen.

§. 39.[1]

Die Zulassung von Aktien eines zur Aktiengesellschaft oder zur Kommanditgesellschaft auf Aktien umgewandelten Unternehmens zum Börsenhandel darf vor Ablauf eines Jahres nach Eintragung der Gesellschaft in das Handelsregister und vor der Veröffentlichung der ersten Jahresbilanz nebst Gewinn- und Verlustrechnung nicht erfolgen.[2] In besonderen Fällen kann diese Frist von der Landesregierung (§. 1) ganz oder theilweise erlassen werden.

Die Zulassung von Antheilsscheinen oder staatlich nicht garantirten Obligationen ausländischer Erwerbsgesellschaften ist davon abhängig, daß die Emittenten sich auf die Dauer von fünf Jahren verpflichten, die Bilanz sowie die Gewinn- und Verlustrechnung jährlich nach Feststellung derselben in einer oder mehreren von der Zulassungsstelle zu bestimmenden deutschen Zeitungen zu veröffentlichen.

[1] Die Vorschriften des § 39 sind bereits mit dem 1. Juli 1896 in Kraft getreten (§ 82 Abs. 3).

[2] Diese Bestimmung soll zum Schutze des Publikums verhindern, daß unter Benutzung einer nur vorübergehenden Stimmung Aktien von Unternehmungen an der Börse eingeführt werden, die sich nicht zum Betriebe durch eine Aktiengesellschaft eignen und deren wirthschaftliche wie finanzielle Entwickelung noch nicht zuverlässig beurtheilt werden kann, da die finanziellen Ergebnisse während der Zeit, in welcher das Unternehmen sich noch im Privatbesitz befunden, keine ausreichende Grundlage für die Beurtheilung der wirthschaftlichen Entwickelung als Aktiengesellschaft bieten können. (B.E.K. S. 59 bis 61; K.B. S. 22, 23.)

Die Vorschrift findet auch Anwendung auf Aktien, welche eine schon bestehende Aktiengesellschaft mittels Erhöhung ihres Grundkapitals zum Zwecke des Erwerbes eines bisher nicht aktiengesellschaftlichen Unternehmens ausgiebt. Der Lauf der einjährigen Frist beginnt in derartigen Fällen mit dem Zeitpunkt der Eintragung der stattgehabten Kapitalserhöhung in das Handelsregister. (Vgl. H.G.B. Art. 215a Abs. 3.)

§. 40.

Für Werthpapiere, welche zur öffentlichen Zeichnung aufgelegt werden, darf vor beendeter Zutheilung an die Zeichner eine amtliche Feststellung des Preises nicht erfolgen.[1] Vor diesem Zeitpunkt sind Geschäfte von der Benutzung der Börseneinrichtungen[2] ausgeschlossen und dürfen von den Kursmaklern nicht notirt werden. Auch dürfen für solche Geschäfte Preislisten (Kurszettel) nicht veröffentlicht oder in mechanisch hergestellter Vervielfältigung verbreitet werden.[3]

[1] Das Verbot des sogen. „Handels per Erscheinen" ist erfolgt, weil dieser in weitgehendem Maße zu Agiotagezwecken ausgebeutet wurde. Die Vorschrift des § 40 macht es unmöglich, daß Emissionshäuser ihre zur öffentlichen Zeichnung ausgelegten Effekten an der Börse „per Erscheinen" zu einem höheren als dem Emissionskurse verkaufen und vereitelt dadurch eine bisher mehrfach vorgekommene Schädigung des zeichnenden Publikums, welche insbesondere diejenigen in Folge des Verkaufes „per Erscheinen" leer ausgehenden Zeichner traf, die zur Beschaffung der Kaution andere Effekten hatten veräußern müssen. Andererseits wird verhindert, daß in Folge zahlreicher Angebote: „per Erscheinen" aus dem Kreise der Zeichner der Kurs „per Erscheinen" unter den beabsichtigten Emissionskurs herabsinkt und die Emissionsstellen, wie dies bei Emissionen von Reichs- und Staatsanleihen geschehen, genöthigt werden, um die Emission nicht zu gefährden, größere Mengen der angebotenen Stücke aufzunehmen. (B.E.K. S. 47, K.B. S. 23).

[2] Vgl. § 5 Anm. 4.

[3] Zuwiderhandlungen sind nach § 77 strafbar.

§. 41.

Für Werthpapiere, deren Zulassung zum Börsenhandel verweigert oder nicht nachgesucht ist, darf eine amtliche Feststellung des Preises nicht erfolgen. Geschäfte in solchen Werthpapieren sind von der Benutzung der Börseneinrichtungen ausgeschlossen und dürfen von den Kursmaklern nicht vermittelt werden.[1] Auch dürfen für solche an der Börse abgeschlossenen Geschäfte Preislisten (Kurszettel) nicht veröffentlicht[2] oder in mechanisch hergestellter Ver-

vielfältigung verbreitet werden,[3] soweit nicht die Börsenordnung für besondere Fälle Ausnahmen gestattet.[4]

[1] Der Handel in nicht zugelassenen Werthpapieren kann an sich selbstverständlich nicht untersagt werden. (B.E.K. S. 42, K.B. S. 24.)

[2] Das Verbot der Veröffentlichung der Kurse bezieht sich nur auf Veröffentlichungen, die im Inlande erscheinen. Veröffentlichungen von Preislisten in ausländischen Zeitungen über im Auslande oder an ausländischen Börsen gezahlte Preise werden dadurch nicht betroffen. (K.B. S. 24.)

[3] Zuwiderhandlungen sind nach § 77 strafbar.

[4] Durch die Einräumung dieser Ausnahmebefugniß soll die Möglichkeit gegeben werden, in besonderen Fällen einen nicht amtlichen Handel in solchen Werthpapieren (z. B. in Kreisobligationen, Obligationen von Kleinbahnen) zu erhalten, für welche die Zulassung zum Börsenhandel nur deshalb nicht nachgesucht wird, weil das für die Zulassung vorgeschriebene Mindestkapital nicht erreicht ist. (KB. S. 24.) Die Börsenordnung wird für die ausnahmsweise Veröffentlichung von Kurszetteln allgemeine Grundsätze aufzustellen haben. Die Entscheidung im einzelnen Falle liegt dem zuständigen Börsenorgane ob.

§. 42.

Der Bundesrath bestimmt den Mindestbetrag des Grundkapitals, welcher für die Zulassung von Aktien an den einzelnen Börsen maßgebend sein soll, sowie den Mindestbetrag der einzelnen Stücke der zum Handel an der Börse zuzulassenden Werthpapiere.[1]

Weitere Bestimmungen über die Aufgaben der Zulassungsstelle und die Voraussetzungen der Zulassung trifft der Bundesrath.[2]

Die Befugniß der Landesregierung, ergänzende Bestimmungen zu treffen, wird hierdurch nicht berührt; diese Bestimmungen sind dem Reichskanzler mitzutheilen.

[1] Vgl. §§ 1 u. 2 der Bekanntmachung des Reichskanzlers, betreffend die Zulassung von Werthpapieren zum Börsenhandel vom 11. Dezember 1896 (unten (S. 128 ff.). Der Bundesrath hat nicht nur für die Zulassung von Aktien Bestimmungen über den Mindestbetrag des Grundkapitals getroffen, welcher für die einzelnen Börsen maßgebend sein soll, sondern allgemein hinsichtlich aller Arten von Werthpapieren. Hierdurch wird verhütet, daß der Börsenverkehr nicht mit Werthen belastet wird, die sich wegen der Geringfügigkeit der umsatzfähigen Beträge für ihn nicht eignen.

[2] Vgl. §§ 3 ff. der zu Anm. 2 angezogenen Bekanntmachung. — Vgl. ferner B.E.K. S. 41, 45, 59 ff.

§. 43.[1]

Sind in einem Prospekt, auf Grund dessen Werthpapiere zum Börsenhandel zugelassen sind, Angaben, welche für die Beurtheilung des Werthes erheblich sind, unrichtig, so haften diejenigen, welche den Prospekt erlassen haben, sowie diejenigen, von denen der Erlaß des Prospekts ausgeht,[2] wenn sie die Unrichtigkeit gekannt[3] haben oder ohne grobes Verschulden[4] hätten kennen müssen, als Gesammtschuldner[5] jedem Besitzer[6] eines solchen Werthpapiers für den Schaden, welcher demselben aus der von den gemachten Angaben abweichenden Sachlage erwächst.[7] Das Gleiche gilt, wenn der Prospekt in Folge der Fortlassung wesentlicher Thatsachen[8] unvollständig[9] ist und diese Unvollständigkeit auf böslichem[10] Verschweigen oder auf der böslichen Unterlassung einer ausreichenden Prüfung seitens derjenigen, welche den Prospekt erlassen haben, oder derjenigen, von denen der Erlaß des Prospekts ausgeht, beruht.

Die Ersatzpflicht wird dadurch nicht ausgeschlossen, daß der Prospekt die Angaben als von einem Dritten herrührend bezeichnet.[11]

[1] Die §§ 43—47 regeln die Haftung der Emittenten (vgl. Anm. 2). Die Grundlage dieser Haftung bildet der Prospekt, welcher vor der Einführung in den Börsenhandel zu veröffentlichen ist und die für die Beurtheilung des Werthes der einzuführenden Papiere wesentlichen Angaben enthalten soll. (§ 38 Abs. 2.) Die Ersatzpflicht findet in dem Prospekte selbst ihre Begrenzung und umfaßt demgemäß nur die auf Grund des Prospekts zugelassenen und in seinem Wirkungsbereich, im Inlande erworbenen Stücke. (§ 44 Abs. 1, vgl. Anm. zu 1 u. 2 § 44.)

Zu scheiden ist:

a) Haftung bei Unrichtigkeit und

b) Haftung bei Unvollständigkeit des Prospekts.

Im Falle zu a) haften die Emittenten, wenn die unrichtigen Angaben für die Beurtheilung des Werthes erheblich sind und sie die Unrichtigkeit gekannt haben oder ohne grobes Verschulden (vgl. Anm. 4) hätten kennen müssen.

In dem Falle zu b) tritt die Haftung ein, wenn die nicht im Prospekt aufgeführten Thatsachen wesentliche sind und die Unvollständigkeit auf böslichem Verhalten (vgl. Anm. 10) der Emittenten beruht.

Voraussetzung einer jeden Ersatzpflicht ist aber, daß der dem Besitzer des Werthpapieres erwachsene Schade in ursächlichem Zusammenhange mit der Unrichtigkeit oder Unvollständigkeit des Prospektes steht. (§ 43 Abs. 1.)

[2] Das Gesetz will alle die haftbar machen, die als „Urheber des Prospekts" anzusehen sind; d. h. nicht blos diejenigen, welche den Prospekt thatsächlich erlassen haben, sondern auch ihre „Hintermänner". Wie in der Reichstagskommission hervorgehoben wurde, sind als solche „Urheber" selbstverständlich nicht Personen anzusehen, welche den Emittenten das Material für die Aufstellung des Prospekts geliefert haben. (Motive S. 41, K.B. S. 28.)

[3] Vgl. Strafbestimmung § 75 Abs. 3.

[4] „Grobes Verschulden" bezeichnet den Mangel desjenigen Maßes von Vorsicht und Aufmerksamkeit, welches bei einem Jeden bei gewöhnlichen Fähigkeiten ohne Aufwendung besonderer Anstrengung vorausgesetzt werden muß.

[5] Die Haftung ist eine solidarische. Der Ausgleichungsanspruch mehrerer Haftbarer untereinander richtet sich nach den allgemeinen Grundsätzen der bürgerlichen Rechte.

[6] Nicht nur dem ersten Erwerber (B.E.K. S. 69, Motive S. 39).

Auch dem Ausländer. Allgemeine Voraussetzung ist jedoch, daß der Besitz auf Grund eines im Inlande abgeschlossenen Geschäfts erworben ist. (Motive S. 42, § 44 Abs. 1.)

[7] Auf einen Verlust, welcher auch unabhängig von dem Inhalte des Prospekts eingetreten sein würde, erstreckt sich die Haftung nicht. Es kann daher zur Be-

gründung des Ersatzanspruchs weder ein früherer höherer Kurs, noch ein späteres Sinken des Kurses verwerthet werden, soweit für den Kursstand Umstände maßgebend sind, die im Prospekt nicht darzulegen waren. (Motive S. 41.) (Vgl. Anm. 9.)

[8] D. h. Thatsachen, welche für die Beurtheilung des einzuführenden Werthes wesentlich waren.

[9] Die §§ 5—7 der Bekanntmachung des Reichskanzlers vom 11. Dezember 1896 (unten S. 128 ff.) grenzen die Erfordernisse für den Inhalt des Prospekts im einzelnen genau ab und geben dadurch dem Emittenten eine feste Grundlage der von ihm zu erfüllenden Voraussetzungen.

[10] Der Begriff der Böslichkeit ist der Gesetzgebung bereits bekannt. (Vgl. Art. 180a, 190b, 213a, 213b, 222a, 223, 396, 427, 610 des Handelsgesetzbuchs). Er umfaßt, neben dem dolus, nicht allgemein die grobe Fahrlässigkeit, sondern nur denjenigen Frevelmuth, welcher sich der rechtswidrigen Folgen seines Verhaltens bewußt ist. (R.G. 1 S. 22, R.O.H.G. 3 S. 109, 8 S. 326 u. 429, 10 S. 218, 17 S. 301.)

[11] Hierdurch wird der vielfach ausgeübten Praxis der Emittenten entgegengetreten, den wesentlichen Inhalt des Prospekts von einem Andern unterzeichnen zu lassen und sich selbst auf die Erklärung zu beschränken, daß sie auf Grund des obigen Prospekts die Einführung der betreffenden Werthpapiere in den Börsenhandel in Antrag brächten. (K.B. S. 27.)

§. 44.

Die Ersatzpflicht erstreckt sich nur auf diejenigen Stücke, welche auf Grund des Prospekts zugelassen[1] und von dem Besitzer auf Grund eines im Inlande abgeschlossenen Geschäfts erworben sind.[2]

Der Ersatzpflichtige kann der Ersatzpflicht dadurch genügen, daß er das Werthpapier gegen Erstattung des von dem Besitzer nachgewiesenen Erwerbspreises oder desjenigen Kurswerthes übernimmt, den die Werthpapiere zur Zeit der Einführung hatten.[3]

Die Ersatzpflicht ist ausgeschlossen, wenn der Besitzer des Papiers die Unrichtigkeit oder Unvollständigkeit der Angaben des Prospekts bei dem Erwerbe kannte. Gleiches gilt, wenn der Besitzer des Papiers bei dem Erwerbe die Unrichtigkeit[4] der Angaben des Prospekts bei Anwendung derjenigen Sorgfalt, welche er in eigenen Angelegenheiten[5] beobachtet, kennen mußte, es sei denn, daß die Ersatzpflicht durch bösliches Verhalten[6] begründet ist.

[1] Vgl. Anm. 1 Absatz 1 zu § 43. Die Frage nach dem Umfange der Haftung ist von Wichtigkeit, wenn, wie dies vielfach geschieht, ein Werthpapier nicht nur von einem Emissionshause, sondern zu gleicher Zeit von verschiedenen Häusern des In- und Auslandes eingeführt wird. Hat in solchem Falle das inländische Emissionshaus, welches nur einen Theilbetrag einführt, die von ihm ausgegebenen Stücke in dem Prospekte nicht kenntlich gemacht, so sind sämmtliche Stücke des Werthpapiers, gleichviel von wem und wo sie zunächst eingeführt sind, an dem betreffenden Börsenplatze zum Handel zugelassen und lieferbar. Die Haftung des Emissionshauses kann daher nicht auf den von ihm selbst ausgegebenen Betrag beschränkt bleiben, sondern erstreckt sich auf sämmtliche zugelassene und lieferbare Stücke. Will der Emittent seine Haftung auf die von ihm eingeführten Stücke beschränken, so kann er dies nur da-

durch, daß er in dem Prospekte, welcher die gesetzliche Grundlage der Haftung bildet, die Nummern oder die Serie, welche Gegenstand der Emission ist, genau bezeichnet. Dann sind nur die so kenntlich gemachten Stücke auf Grund des Prospekts zum Börsenhandel zugelassen und lieferbar und nur mit ihnen ist demgemäß die Ersatzpflicht verknüpft. (B.E.K. S. 71, Motive S. 40, K.B. S. 28.) (Vgl. § 5 Ziffer 7 der S. 128 ff. abgedruckten Bekanntmachung.)

² Diese Beschränkung der Haftpflicht beruht daraus, daß die Vorschriften über die Zulassung zum Börsenhandel nur für den inländischen Verkehr bestimmt sind. Dem Besitzer, welcher die Werthpapiere im Auslande erworben hat, einen Ersatzanspruch zu gewähren, würde zu weit führen, weil ein derartiger Erwerb sich regelmäßig nicht unter dem Eindruck des in Deutschland veröffentlichten Prospekts vollzieht. (Motive S. 40.) Dem ausländischen Besitzer, der auf Grund eines im Inlande abgeschlossenen Geschäfts erworben hat, steht jedoch der Ersatzanspruch zu. (Vgl. Anm. 6 zu § 43.) Den Beweis des Erwerbes im Inlande hat der Schadensersatz Fordernde zu führen. Die Vorlegung der Schlußnote wird in der Regel als genügend angesehen werden können. (Motive S. 42.)

³ Durch diese Begrenzung der Höhe der Ersatzpflicht soll übertriebenen Schadensberechnungen vorgebeugt werden. (Motive S. 42.)

⁴ Nur im Falle der Unrichtigkeit der Angaben des Prospekts wird, sofern nicht die Unrichtigkeit auf böslichem Verhalten beruht, die Ersatzpflicht durch Außerachtlassung der in eigenen Angelegenheiten von dem Besitzer gewöhnlich beobachteten Sorgfalt ausgeschlossen. Bei Unvollständigkeit des Prospekts schließt auch der Mangel einer derartigen Sorgfalt auf Seiten des Erwerbers die Ersatzpflicht nicht aus, weil die Haftung wegen Unvollständigkeit überhaupt nur bei böslichem Verhalten eintritt. (§ 43 Abs. 1).

[5] Die Regierungsvorlage verlangte von dem Erwerber zur Aufrechterhaltung seines Ersatzanspruches die Anwendung „gewöhnlicher Sorgfalt". Der jetzigen Fassung liegt die Erwägung zu Grunde, daß den Emittenten nicht nur kaufmännisch gebildete Kreise gegenüberstehen, bei denen man die Anwendung der im Geschäftsverkehr üblichen Sorgfalt verlangen kann, sondern auch Erwerber von niedrigem Bildungsgrade und geringer Geschäftsgewandtheit, an welche nicht die gleiche Forderung gestellt werden darf. Dementsprechend bestimmt das Gesetz, daß die Sorgfalt, die im einzelnen Falle von dem Erwerber verlangt werden kann, nach den besonderen Verhältnissen und Eigenschaften desselben zu bemessen ist. (K.B. S. 29.)

[6] Vgl. Anm. 10 zu § 43.

§. 45.

Der Ersatzanspruch verjährt in fünf Jahren seit der Zulassung der Werthpapiere. Die Verjährung läuft auch gegen Minderjährige und bevormundete Personen, sowie gegen juristische Personen, denen gesetzlich die Rechte der Minderjährigen zustehen, ohne Zulassung der Wiedereinsetzung in den vorigen Stand, jedoch mit Vorbehalt des Rückgriffs gegen die Vormünder und Verwalter.[1]

[1] Vgl. Artikel 149 des Handelsgesetzbuchs. Inwieweit den durch Versäumung der Innehaltung der Verjährungsfrist geschädigten Minderjährigen, bevormundeten Personen und mit den Rechten der Minderjährigen versehenen juristischen Personen der Rückgriff gegen die Vormünder oder Verwalter zusteht, richtet sich nach bürgerlichem Recht.

§. 46.

Eine Vereinbarung, durch welche die nach den §§. 43 bis 45 begründete Haftung ermäßigt oder erlassen wird,[1] ist unwirksam.

Weitergehende Ansprüche, welche nach den Vorschriften des bürgerlichen Rechts auf Grund von Verträgen erhoben werden können, bleiben unberührt.

[1] Vertragsmäßige Erweiterung der Haftung ist zulässig.

§. 47.[1]

Für die Entscheidung der Ansprüche aus den §§. 43 bis 46 ist ohne Rücksicht auf den Werth des Streitgegenstandes ausschließlich das Landgericht des Ortes zuständig, an dessen Börse die Einführung des Werthpapiers erfolgte. Besteht an diesem Landgerichte eine Kammer für Handelssachen, so gehört der Rechtsstreit vor diese.[2] Die Revision sowie die Beschwerde gegen Entscheidungen des Oberlandesgerichts geht an das Reichsgericht.

[1] Vgl. § 33 des Reichsstempelgesetzes vom 27. April 1894 (R.G.Bl. S. 381).

[2] § 47 entzieht ohne Rücksicht auf den Werth des Streitgegenstandes die Entscheidung der in Frage kommenden Rechtsstreitigkeiten den Amtsgerichten, weil diese fast nie aus Börsengeschäften herrührende Streitigkeiten zu entscheiden haben und weil die am Sitz der Börsen vorhandenen Landgerichte die Börsenverhältnisse zuverlässiger zu beurtheilen in der Lage sind. Namentlich in der Mitwirkung der Kammern für Handelssachen sieht

das Gesetz eine Gewähr dafür, daß die Entscheidung aus einer sachgemäßen Information über die bei der Einführung der Werthpapiere vorhandenen thatsächlichen und rechtlichen Verhältnisse hervorgeht. (K.B. S. 30.)

IV. Börsenterminhandel.*

§. 48.

Als Börsentermingeschäfte in Waaren oder Werthpapieren gelten Kauf- oder sonstige Anschaffungsgeschäfte[1] auf eine festbestimmte Lieferungszeit oder mit einer festbestimmten Lieferungsfrist, wenn sie nach Geschäftsbedingungen geschlossen werden, die von dem Börsenvorstande für den Terminhandel festgesetzt sind, und wenn für die an der betreffenden Börse geschlossenen Geschäfte solcher Art eine amtliche Feststellung von Terminpreisen (§§. 29, 35) erfolgt.

---

* Der Börsenterminhandel ist als eine eigenthümliche Geschäftsform aus dem gewöhnlichen Lieferungshandel hervorgegangen. Bei Letzterem bleibt, auch wenn er auf eine festbestimmte Lieferungszeit gerichtet ist, der Vertragsinhalt der Festsetzung in jedem einzelnen Falle überlassen. Das Wesen des Börsenterminhandels besteht dagegen darin, daß an der Börse für die Lieferungsgeschäfte in dem betreffenden Handelsgegenstande unter Zugrundelegung fester Mengeeinheiten und bestimmter Lieferungstermine oder -fristen gemeinsame Bestimmungen über Qualität u. s. w. vorweg festgestellt sind, so daß die einzelnen Geschäfte in Betreff ihres Vertragsinhalts, abgesehen von den wechselnden Preisen, welche an der Börse fortdauernd durch öffentliche Organe kund-

gegeben werden, gleichartig sind. Die Vorstufe dieses börsentechnisch anerkannten und börsenmäßig organisirten Terminhandels ist regelmäßig die, daß sich an der Börse in einer Waare oder einem Werthpapier ein umfangreiches Zeitgeschäft entwickelt hat, und daß zur Vereinfachung des Verkehrs Geschäftsabschlüsse mit derart typischem Vertragsinhalt ohne Mitwirkung der Börsenbehörde allgemein gebräuchlich geworden sind.

Die Vorschriften des IV. Abschnitts beziehen sich, wie die Legaldefinition des § 48 zum Ausdruck bringt, zunächst auf den börsenmäßig organisirten Börsenterminhandel; das gewöhnliche Zeitgeschäft wird durch dieselben an sich nicht berührt. Soweit aber die Untersagung des Börsenterminhandels in Frage kommt, greifen die gesetzlichen Verbotsbestimmungen (vgl. §§ 50, 51 und 52) über die durch § 48 gezogene Umgrenzung hinaus. Sie erstrecken sich einerseits, falls ein Börsenterminhandel in dem Handelsartikel noch nicht bestand, auf die Entwickelungsphase zu demselben und ermöglichen es, einen Geschäftsbetrieb zu verhindern, dem, um „Börsenterminhandel" zu sein, im Wesentlichen nur die Sanktionirung durch die Börsenbehörde fehlt; andererseits treffen sie, wenn ein bereits im Betriebe befindlicher Börsenterminhandel verboten wird, eine Geschäftsgebahrung, welche sich zwar äußerlich, auch abgesehen von dem Wegfall börsenbehördlicher Mitwirkung von dem bisherigen Börsenterminhandel unterscheidet, aber ihrem inneren Wesen und ihrer wirthschaftlichen Bedeutung nach dessen Eigenart beibehält, so daß sie als eine Umgehung des in dem Verbot des Börsenterminhandels zum Ausdruck gebrachten Willens zu erachten ist. (Vgl. B.E.K. S. 73; Motive S. 47, 48, 49).

[1] Vgl. H.G.B. Art. 271 Ziffer 1. Anschaffungsgeschäft ist jedes auf Erwerb von Eigenthum gerichtete entgeltliche Vertragsgeschäft. (R.G. 20 S. 10, 22 S. 128, 26 S. 50.)

§. 49.

Ueber die Zulassung von Waaren und Werthpapieren zum Börsenterminhandel entscheiden die Börsenorgane [1] nach näherer Bestimmung der Börsenordnung. [2]

Die Börsenorgane sind verpflichtet, vor der Zulassung von Waaren zum Börsenterminhandel in jedem einzelnen Falle Vertreter der betheiligten Erwerbszweige gutachtlich [3] zu hören [4] und das Ergebniß dem Reichskanzler mitzutheilen. Die Zulassung darf erst erfolgen, nachdem der Reichskanzler erklärt hat, daß er zu weiteren Ermittelungen keine Veranlassung finde. [5]

[1] Die Börsenorgane (vgl. Anm. 5 zu § 2) sind in erster Linie zur Entscheidung über die Zulassung berufen. Haben sie letztere beschlossen, so kann aber der Bundesrath nach § 50 Abs. 1 den Beschluß außer Wirksamkeit setzen.

[2] Die Börsen-Enquetekommission hat für den Verkehr in Werthpapieren die Beobachtung folgender Grundsätze empfohlen:

„Die Zulassung setzt voraus, daß bereits während eines längeren Zeitraums ein regelmäßiger Terminhandel in dem betreffenden Gegenstande stattgefunden hat. Die Prüfung hat sich über diese Voraussetzung hinaus darauf zu erstrecken, ob dem Interesse des Börsenhandels an der Zulassung andere erhebliche wirthschaftliche Interessen entgegenstehen." (B.E.K. S. 97).

Für die Zulassung von Waaren ist das Festhalten derartiger Grundsätze im Gesetz selbst durch Abs. 2 des Paragraphen gesichert.

[3] Das Gutachten soll sich nicht auf die Frage der Zulassung überhaupt beschränken, sondern sich auch auf die Bedingungen des Börsenterminhandels, insbesondere die Lieferungsbedingungen erstrecken.

Gebunden sind der Reichskanzler und die Börsenorgane an das Gutachten nicht. (Motive S. 45).

[4] Den Börsenordnungen ist, wie der Bericht der Reichstagskommission hervorhebt, vorbehalten, hinsichtlich der Zulassung von Werthpapieren zum Börsenterminhandel entsprechend vorzuschreiben, daß, wenn es sich um Werthe von Erwerbsgesellschaften handelt, der Vorstand der Gesellschaft oder die Vollversammlung der Aktionäre gutachtlich zu hören ist. (K.B. S. 44).

[5] Die erfolgte Zulassung kann jederzeit von den zuständigen Börsenorganen zurückgenommen werden. (B.E.K. S. 97, 98; Anm. 9 zu § 2.)

§. 50.

Der Bundesrath ist befugt, den Börsenterminhandel[1] von Bedingungen abhängig zu machen[2] oder in bestimmten Waaren oder Werthpapieren zu untersagen.

Der Börsenterminhandel in Antheilen von Bergwerks- und Fabrikunternehmungen ist untersagt.[3] Der Börsenterminhandel in Antheilen von anderen Erwerbsgesellschaften kann nur gestattet werden, wenn das Kapital der betreffenden Erwerbsgesellschaft mindestens zwanzig Millionen Mark beträgt.[4]

Der börsenmäßige Terminhandel in Getreide und Mühlenfabrikaten ist untersagt.[5] [6]

[1] Auch den beim Inkrafttreten des Börsengesetzes bereits bestehenden Börsenterminhandel (Motive S. 48.)

[2] Hiernach kann der Bundesrath auch bestimmte Formen, welche das Börsentermingeschäft annimmt, z. B. Prämien-, Stellage- und Nachgeschäfte ausschließen. (B.E.K. S. 94 u. 96; Motive S. 48; K.B. S. 45.)

[3] Der Börsenterminhandel, nicht das Lieferungsgeschäft als solches, ist untersagt. Vgl. S. 90 Anm. * zu Abschnitt IV.)

[4] Den Betrag von 20 Millionen müssen die Papiere darstellen, in denen der Börsenterminhandel stattfinden soll. Hat z. B. eine Gesellschaft, deren Gesammtkapital 31 Millionen Mark beträgt, dieses Kapital in Stammaktien und Stammprioritätsaktien im Betrage von 20 und 11 Millionen Mark zerlegt, so ist der Börsenterminhandel in den Stammprioritätsaktien unzulässig. (R.T.B. S. 2451.)

[5] Vgl. Anm. 3.

[6] Die Folgen der in § 50 ausgesprochenen Untersagungen bestimmt § 51. Abgelehnt wurde ein in der dritten Lesung des Reichstags gestellter weitergehender Antrag der Grafen von Arnim und zu Stolberg-Wernigerode, dem § 50 hinzuzufügen:

> „Wenn börsenmäßige Termingeschäfte, welche auf Grund dieses Gesetzes verboten sind, im Auslande abgeschlossen sind, so sind Rechtsansprüche aus diesen Geschäften unklagbar und findet eine Zwangsvollstreckung aus Urtheilen ausländischer Gerichte, welche solche Geschäfte betreffen, nicht statt." (Drucksachen des Reichstags Nr. 426, 9. Legislaturperiode, IV Session 1895/96). (Vgl. R.T.B. S. 2448 ff.)

Die Wirkung der Verbote des § 50 Abs. 2 u. 3 sowie einer etwaigen Untersagung des Börsenterminhandels in einer Waare oder einem Werthpapiere durch den Bundesrath auf Grund des § 50 Abs. 1 ist demnach gemäß der durch § 51 an das Verbot geknüpften Folgen der Ausschluß dieser Form des Handelsverkehrs von den deutschen Börsen. Die civilrechtliche Klagbarkeit von Börsentermingeschäften, welche an ausländischen Börsen abgeschlossen sind, wird aber durch diese Bestimmungen nicht betroffen. Gehen z. B. zwei Inländer an einer ausländischen Börse ein dort zulässiges Börsentermingeschäft in Getreide ein, so steht der Klage aus demselben auch bei dem inländischen Gericht das Verbot des § 50 nicht entgegen. (Vgl. jedoch § 68: Registereintragung als Voraussetzung der Begründung eines Schuldverhältnisses auch bei Abschluß des Geschäfts im Auslande.)

§. 51.[1]

Insoweit der Börsenterminhandel in bestimmten Waaren oder Werthpapieren durch dieses Gesetz oder vom Bundesrath untersagt,[2] oder die Zulassung desselben von den Börsenorganen endgültig[3] verweigert ist, sind Börsentermingeschäfte in diesen Waaren oder Werthpapieren von der Benutzung der Börseneinrichtungen ausgeschlossen und dürfen von den Kursmaklern nicht vermittelt werden. Auch dürfen für solche Geschäfte, sofern sie im Inlande abgeschlossen sind, Preislisten (Kurszettel) nicht veröffentlicht oder in mechanisch hergestellter Vervielfältigung verbreitet werden.[4]

Desgleichen ist ein von der Mitwirkung der Börsenorgane unabhängiger Terminhandel von der Börse ausgeschlossen, soweit er sich in den für Börsentermingeschäfte üblichen Formen vollzieht.[5] [6]

[1] § 51 betrifft die Untersagung des Börsenterminhandels durch das Gesetz (§ 50 Abs. 2 u. 3) oder in Folge des Eingreifens des Bundesraths (§ 50 Abs. 1)

sowie die Fälle, in denen die Zulassung zwar beantragt, aber von den Börsenorganen endgültig abgelehnt ist, während § 52 sich auf die Fälle bezieht, in denen das Lieferungsgeschäft bereits charakteristische Formen des Börsenterminhandels angenommen hat, der geschäftlichen Entwickelung nach zur Zulassung zum Börsenterminhandel reif ist, und dennoch der Antrag hierauf nicht gestellt wird. (Vgl. S. 90 Anm. * zu Abschnitt IV; K.B. S. 45, Motive S. 49.)

² Die Untersagung durch den Bundesrath erstreckt sich, soweit nicht der Beschluß selbst Beschränkungen enthält, auf den Geschäftsverkehr an allen Börsenplätzen. Die Verweigerung der Zulassung durch die Börsenorgane wirkt nur für die betreffende Börse.

³ Wie schon hervorgehoben (S. 90 Anm. * zu Abschn. IV) setzt die Zulassung regelmäßig voraus, daß sich in dem betreffenden Gegenstande ein umfangreicher Zeithandel mit typischem Vertragsinhalt (bestimmte Lieferungsfristen, gleiche Mengeeinheiten und Qualitätsbestimmungen u. s. w.) entwickelt hat. Lehnen die Börsenorgane die auf Grund dieser Sachlage beantragte Zulassung nicht deshalb ab, weil sie den Börsenterminhandel in der betreffenden Waare oder dem Werthpapiere überhaupt als dem Gemeinwohl schädlich verhindern wollen, sondern, weil sich aus der bisherigen Entwickelung kein ausreichendes Material zur Beurtheilung der Nützlichkeit und des wirthschaftlichen Bedürfnisses dieser Geschäftsform ergiebt, so ist die Ablehnung keine endgültige und steht der Fortentwicklung des bisherigen, sich bereits in Formen des Börsenterminhandels bewegenden Geschäftsbetriebes nichts im Wege.

⁴ Zuwiderhandlungen sind nach § 77 strafbar.

⁵ Die Vorschrift im Absatz 2 dient zur Ergänzung der Bestimmungen in Absatz 1 und § 50. Ist der Börsenterminhandel in einer Waare oder einem Werthpapier durch Gesetz oder von dem Bundesrathe unter-

sagt, oder ist die Ablehnung des Zulassungsantrages endgültig erfolgt, so kann folgerichtig auch nicht ein Geschäftsverkehr in dem in Frage kommenden Werthgegenstande geduldet werden, der wesentliche Merkmale des Börsenterminhandels, abgesehen von der Mitwirkung der Börsenorgane, aufweist. (Motive S. 48.) Für die Entscheidung der Frage, ob ein Geschäftsbetrieb im Sinne des Abs. 2 vorliegt, wird besonders die wirthschaftliche Bedeutung des Betriebes in Betracht zu ziehen sein.

[6] Einer unzulässigen Art des Geschäftsbetriebes und etwaigen Versuchen, durch Schaffung anscheinend neuer Formen die Bestimmungen des Gesetzes zu umgehen, hat der Börsenvorstand durch Ausübung der Börsenpolizei (§ 8) entgegen zu treten. Auch zu ehrengerichtlichem Einschreiten (§ 10) können Verstöße gegen die Vorschriften der §§ 50 u. 51 Veranlassung geben. (Motive S. 48.)

§. 52.[1]

Wird die Zulassung von Waaren oder Werthpapieren zum Börsenterminhandel nicht nachgesucht, so kann ein thatsächlich[2] stattfindender Terminhandel von den Börsenaufsichtsbehörden mit den im §. 51 bezeichneten Folgen untersagt werden.[3]

[1] Vgl. Anm. 1 zu § 51.

[2] D. h. ein Geschäftsverkehr dem, um Börsenterminhandel zu sein, im Wesentlichen nur die Organisation durch den Börsenvorstand fehlt.

[3] In Bezug auf Zuwiderhandlungen vgl. Anm. 4 und 6 zu § 51.

§. 53.[1]

Bei dem Börsenterminhandel in Waaren geräth der Verkäufer, sofern er nach erfolgter Kündigung

eine unkontraktliche Waare liefert, in Erfüllungsverzug,[2] auch wenn die Lieferungsfrist noch nicht abgelaufen war.[3]

Eine entgegenstehende Vereinbarung ist nichtig.[4]

[1] § 53 richtet sich gegen Unzuträglichkeiten, welche mit den bisher für den Börsenterminhandel an großen Börsen geltenden Bestimmungen verknüpft waren. Nach diesen war der Verkäufer berechtigt, sich jeden Tag innerhalb der gebräuchlichen Lieferungsfrist zur Lieferung auszuwählen. Lieferte er kontraktwidrige Waare, so wurde die Lieferung als nicht geschehen betrachtet und der Verkäufer konnte, so lange die Erfüllungszeit noch nicht abgelaufen, immer von neuem andere Waare liefern. Demgegenüber war der Käufer genöthigt, für jeden Tag, zu welchem ihm die Waare zur Lieferung angekündigt wurde, die zur Abnahme derselben erforderlichen Einrichtungen zu treffen, die Speicher in Bereitschaft zu halten und sich das Kaufgeld zu verschaffen. Erwies sich die Waare als kontraktwidrig, so waren seine Vorbereitungen umsonst und war er auch gegen mehrfache Wiederholung dieses Vorganges innerhalb der Lieferungszeit nicht geschützt.

Dieses schon an sich für den Käufer ungerechtfertigt nachtheilige Verhältniß hat außer der Beeinflussung des einzelnen Geschäfts indem der Käufer durch die wiederholte Ankündigung unkontraktlicher Waare bestimmt wird, das Geschäft ohne Lieferung mit dem Verkäufer zu reguliren, für die Preisbildung des gesammten Marktes erhebliche Unzuträglichkeiten zur Folge. Durch derartige Kündigungen wird der Schein erweckt, als ob für die Zwecke des Terminhandels viel größere Mengen der Waare zur Verfügung stehen, als es thatsächlich der Fall ist, so daß ein sachlich nicht gerechtfertigter Preisdruck herbeigeführt werden kann.

Die im § 53 vorgesehene Regelung schließt diese Mißstände aus. Sie geht rechtlich von der Erwägung aus, daß wenn auch dem Verkäufer an sich die Wahl zustehe, innerhalb der bestimmten Lieferungsfrist den Tag der Erfüllung zu wählen, durch die Ankündigung der Lieferung dieses Wahlrecht ausgeübt und der Erfüllungstag endgültig fixirt werde. (B.E.K. S. 125—130, Motive S. 49, K.B. S. 46.)

[2] D. h., es treten die allgemeinen Folgen des Erfüllungsverzuges ein, wie sie durch die Börsenusancen oder in Ermangelung dieser durch die Artikel 355 und 357 des Handelsgesetzbuches festgelegt sind. Nach Letzteren hat der Käufer die Wahl, ob er die Erfüllung nebst Schadensersatz wegen verspäteter Erfüllung verlangen, oder ob er statt der Erfüllung Schadensersatz wegen Nichterfüllung fordern oder von dem Vertrage abgehen will, gleich als ob derselbe nicht geschlossen wäre (Artikel 355). Will er auf die Erfüllung bestehen, so muß er dies unverzüglich den anderen Kontrahenten anzeigen. Unterläßt er dies, so kann er später nicht die Erfüllung verlangen. Fordert der Käufer statt der Erfüllung Schadensersatz, so besteht der Betrag des von dem Verkäufer zu leistenden Schadensersatzes in der Differenz zwischen dem Kaufpreise und dem Börsenpreise zur Zeit und am Orte der geschuldeten Lieferung, unbeschadet des Rechts des Käufers, einen erweislich höheren Schaden geltend zu machen. (Art. 357.)

[3] Hinsichtlich etwaiger disciplinarer Ahndung der wiederholten Benutzung unkontraktlicher Waare zur Kündigung vgl. Anm. 4 Ziffer 8 zu § 10.

[4] Auch dürfen die Folgen des in dem ersten Absatz dieses Paragraphen bezeichneten Erfüllungsverzuges nicht etwa anders geregelt werden als in sonstigen Fällen verzögerter Leistung.

§. 54.[1]

Bei jedem zur Führung des Handelsregisters zuständigen Gerichte ist je ein Börsenregister[2] für Waaren und für Werthpapiere[3] zu führen.[4] [5] Die Landesregierung kann die Führung des Registers für die Bezirke mehrerer Gerichte einem derselben übertragen.

[1] Die in den §§ 54 bis 65 enthaltenen Vorschriften sind bereits mit dem 1. November 1896 in Kraft getreten. (§ 82 Abs. 2.)

[2] Hinsichtlich des Zwecks des Registerzwanges (Trennung der berechtigten und der unberechtigten Spekulation) vgl. Einleitung S. 18.

[3] Die wirthschaftliche Berechtigung zur Eingehung von Börsentermingeschäften in Waaren schließt nicht regelmäßig die Berechtigung zur Theilnahme am Börsentermingeschäftsbetriebe in Werthpapieren in sich und umgekehrt. Demgemäß war die Scheidung des Börsenregisters in ein Waaren- und ein Effektenregister nothwendig.

[4] Vgl. Bekanntmachung des Reichskanzlers, betreffend die Führung der Börsenregister und die Aufstellung der Gesammtliste; vom 9. Oktober 1896. (Centralblatt für das Deutsche Reich S. 492) abgedruckt unten S. 142 ff.

[5] Auf die Erledigung der das Börsenregister betreffenden Angelegenheiten sind die Gerichtsferien ohne Einfluß. (Vgl. § 9 der zu Anm. 4 erwähnten Bekanntmachung.)

§. 55.

In das Börsenregister werden nach Namen, Vornamen, Stand und Wohnort die Personen eingetragen,[1] die sich an Börsentermingeschäften in Waaren oder Werthpapieren[2] betheiligen wollen.[3]

Betrifft die Eintragung eine Handelsgesellschaft oder juristische Person, so ist ihre Firma oder ihr Name sowie der Ort, wo sie ihren Sitz[4] hat, einzutragen.

Die Eintragung erfolgt in dem Register des Bezirks, in welchem der Einzutragende seine gewerbliche Niederlassung oder in Ermangelung einer solchen seinen Wohnsitz[5] hat. Im Falle einer Verlegung der Niederlassung oder des Wohnsitzes wird die Eintragung unter Löschung in dem Register des bisherigen Bezirks in das Register des neuen Bezirks gebührenfrei übertragen.[6]

[1] Die Eintragung ist Voraussetzung zur Eingehung von Börsentermingeschäften, welche ein Schuldverhältniß begründen. (§ 66.)

[2] Vgl. § 1 der S. 142 ff. abgedruckten Bekanntmachung.

[3] Sind Einzelkaufleute Inhaber einer von ihrem bürgerlichen Namen abweichenden Firma, so erstreckt sich die Wirkung der Eintragung, auch wenn neben dem Namen die Firma mitvermerkt ist, nur auf die eingetragene Person. (Motive S. 50.)

[4] Als solcher gilt, wenn nicht ein anderes erhellt, der Ort wo die Verwaltung geführt wird. (C.P.O. § 19 Abs. 1.)

[5] Welcher Ort als Wohnsitz anzusehen ist, bestimmt sich bis zum 1. Januar 1900 d. i. dem Termin des Inkrafttretens des Bürgerlichen Gesetzbuchs vom 18. August 1896 (R.G.Bl. S. 195) nach dem bürgerlichen Rechte der Einzelstaaten.

Das Bürgerliche Gesetzbuch besagt in § 7:

„Wer sich an einem Orte ständig niederläßt, begründet an diesem Orte seinen Wohnsitz.

Der Wohnsitz kann gleichzeitig an mehreren Orten bestehen.

Der Wohnsitz wird aufgehoben, wenn die Niederlassung mit dem Willen aufgehoben wird, sie aufzugeben."

[6] Die Eintragung verliert durch die Verlegung des Wohnsitzes oder der Niederlassung nicht ihre Rechtswirksamkeit. Auch kann die Löschung an der bisherigen Eintragungsstelle erst erfolgen, wenn die Uebertragung in das Börsenregister des nunmehr zuständigen Gerichts erfolgt ist (Motive S. 50; § 7 der S. 142 ff. abgedruckten Bekanntmachung.)

§. 56.

Das Börsenregister ist öffentlich. Die Einsicht desselben ist während der gewöhnlichen Dienststunden einem Jeden gestattet. Auch kann von den Eintragungen gegen Erlegung der Kosten eine Abschrift gefordert werden, die auf Verlangen zu beglaubigen ist.[1]

[1] Vgl. H.G.B. Art. 12 Abs. 2.

§ 57.

Vor der Eintragung in ein Börsenregister ist eine Eintragungsgebühr von einhundertfünfzig Mark zu entrichten.[1]

Für jedes folgende Kalenderjahr, während dessen die Eintragung bestehen soll, ist eine Erhaltungsgebühr von je fünfundzwanzig Mark zu zahlen.[2]

Die Gebühren fließen, insoweit die Landesregierungen nicht ein Anderes bestimmen, den Landeskassen zu.

[1] Die Gebühr ist für das Börsenregister für Waaren und das für Werthpapiere besonders zu entrichten.

[2] Auch die Erhaltungsgebühr ist für jedes Register besonders zu zahlen. Wird die Erhaltungsgebühr für das nächstfolgende Jahr nicht bis zum Ende des letzten Monats des laufenden Jahres eingezahlt, so wird die Eintragung am Schlusse des Kalenderjahres von Amtswegen gelöscht. (§ 64 Abs. 2.)

§ 58.

Den Antrag auf Eintragung hat der Einzutragende oder, falls er sich durch Verträge nicht verpflichten kann, sein gesetzlicher Vertreter zu stellen.

Kinder unter väterlicher Gewalt und Ehefrauen, die nicht Handelsfrauen[2] sind, bedürfen der Genehmigung des Vaters oder Ehemannes.

Der gesetzliche Vertreter einer unter Vormundschaft oder Pflegschaft (Kuratel) stehenden Person bedarf der Genehmigung der Vormundschafsbebehörde.[3] [4]

[1] Ob und inwieweit Jemand sich durch Verträge verpflichten kann, entscheidet sich nach den bürgerlichen Rechten. Das Bürgerliche Gesetzbuch (vgl. Anm. 5 zu § 55) regelt die Frage der Geschäftsfähigkeit in den §§ 104—115.

[2] Vgl. H.G.B. Art. 6 u. 7.

[3] Ist ein Familienrath vorhanden, so ist auch die Genehmigung durch diesen erforderlich.

[4] Vgl. § 64 Abs. 1.

§. 59.

Der Antrag ist bei dem Gerichte, bei welchem das Börsenregister geführt wird, mündlich zu Protokoll zu stellen oder schriftlich einzureichen.[1]

Schriftliche Anträge müssen gerichtlich oder notariell aufgenommen oder beglaubigt sein.

Die vorstehenden Bestimmungen finden auch auf eine etwa erforderliche Genehmigung (§. 58) Anwendung.

Anträge und Erklärungen öffentlicher Behörden bedürfen, wenn sie vorschriftsmäßig unterschrieben und untersiegelt sind, keiner Beglaubigung.

[1] Bevollmächtigte haben ihre Befugniß zur Stellung von Anträgen oder zur Abgabe von Erklärungen durch eine gerichtlich oder notariell aufgenommene oder beglaubigte Vollmacht nachzuweisen. (§ 8 der S. 142 ff. abgedruckten Bekanntmachung.)

§. 60.

Der Antrag auf Eintragung soll[1] die Erklärung enthalten, daß der Einzutragende Börsentermingeschäfte in Waaren oder Werthpapieren eingehen wolle.

[1] Instruktionelle Anweisung für die Fassung des Antrages. Es genügt, daß die Absicht des Einzutragenden, Termingeschäfte in Waaren oder Werthpapieren abschließen zu wollen, in dem Antrage deutlich zum Ausdruck kommt. (Motive S. 50.)

§. 61.

Der Antrag auf Eintragung in das Waarenregister kann auf bestimmte Geschäftszweige beschränkt werden. Auf Antrag ist gebührenfrei die Eintragung auf weitere Geschäftszweige auszudehnen oder die eingetragene Beschränkung zu löschen,[1] auf einen solchen Antrag finden die Bestimmungen der §§. 58, 59 entsprechende Anwendung.

[1] Vgl. Formular A Spalte 4 und 5 zu der S. 142 ff. abgedruckten Bekanntmachung des Reichskanzlers.

§. 62.

Die erfolgte Eintragung[1] ist von dem Gerichte ohne Verzug ihrem ganzen Inhalte nach auf Kosten des Eingetragenen im Reichsanzeiger[2] sowie in denjenigen öffentlichen Blättern bekannt zu machen, welche gemäß Artikel 14 des Handelsgesetzbuchs[3] für die Veröffentlichung der in das Handelsregister aufgenommenen Eintragungen bestimmt sind[4]

[1] Von jeder Eintragung oder von der Ablehnung der Eintragung ist der Antragsteller zu benachrichtigen. In dem ablehnenden Bescheide sind die Gründe der Ablehnung anzugeben. (§ 6 Abs. 1 der S. 142 ff. abgedruckten Bekanntmachung.)

[2] Die Bekanntmachungen im Reichsanzeiger sind in einem bestimmten Theile desselben zusammenzustellen (§ 2 Abs. 3 der S. 142 ff. abgedruckten Bekanntmachung.)

[3] Artikel 14 des Handelsgesetzbuches lautet:

„Jedes Handelsgericht hat für seinen Bezirk alljährlich im Monat Dezember die öffentlichen Blätter zu bestimmen, in welchen im Laufe des nächstfolgenden Jahres die im Artikel 13 vorgeschriebenen Bekanntmachungen erfolgen sollen. Der Beschluß ist in einem oder mehreren öffentlichen Blättern bekannt zu machen. Wenn eines der bestimmten Blätter im Laufe des Jahres zu erscheinen aufhört, so hat das Gericht ein anderes Blatt an dessen Stelle zu bestimmen und öffentlich bekannt zu machen.

Inwiefern die Gerichte bei der Wahl der zu bestimmenden Blätter an Weisungen höherer Behörden gebunden sind, ist nach den Landesgesetzen zu beurtheilen."

[4] Eine Bekanntmachung der Löschungen in öffentlichen Blättern findet nicht statt. (§ 6 Abs. 2 der S. 142 ff. abgedruckten Bekanntmachung.)

§. 63.

Die Löschung der Eintragung erfolgt gebührenfrei auf Antrag[1] des Eingetragenen oder seines gesetzlichen Vertreters am Schlusse[2] des Jahres, in welchem der Löschungsantrag gestellt ist. Für Kinder unter väterlicher Gewalt und für Ehefrauen, welche nicht Handelsfrauen sind, genügt der Antrag des Vaters oder Ehemannes.

Der Löschungsantrag ist bei dem Gerichte mündlich zu Protokoll zu stellen oder in gerichtlicher oder notarieller Beglaubigung einzureichen.[3] [4] Die Vorschrift im §. 59 Absatz 4 findet entsprechende Anwendung.

[1] Zu scheiden sind Löschungen auf Antrag (§ 63) und von Amtswegen (§ 64 und § 55 Abs. 2.)

[2] Erst am Schlusse des Jahres ist die Löschung zu bewirken, um nicht die Verkehrssicherheit durch plötzliche Löschungen zu stören. (Motive S. 51.)

Im Falle des § 55 Abs. 2 erfolgt die Löschung in dem Register des bisherigen Bezirks nicht erst am Schlusse des Kalenderjahres, sondern nach der Uebertragung in das Register des neuen Bezirks (Anm. 6 zu § 55); im Falle des § 64 Abs. 1 sobald der Mangel festgestellt ist.)

[3] Vgl. Anm. 1 zu § 59.

[4] Von der Löschung ist der Eingetragene zu benachrichtigen. (§ 6 Abs. 1 der S. 142 ff. abgedruckten Bekanntmachung.)

§. 64.

Eine Eintragung, die nicht nach den Vorschriften im §. 58 erfolgt ist, wird, wenn der Mangel nicht inzwischen beseitigt ist, von Amtswegen gelöscht.[1]

Am Schlusse des Kalenderjahres[2] wird eine Eintragung von Amtswegen gelöscht, wenn die Erhaltungsgebühr[3] für das nächstfolgende Jahr nicht bis zum Ende des vorletzten Monats des laufenden Jahres eingezahlt ist.[4]

[1] Vgl. Anm. 1 u. 2 zu § 63.
[2] Vgl. Anm. 2 zu § 63.
[3] § 57 Abs. 2.
[4] Vgl. Anm. 4 zu § 63.

§. 65.

Jedes Gericht hat nach Beginn des Kalenderjahres eine Liste derjenigen Personen aufzustellen, deren Eintragungen am 1. Januar noch in Kraft bestanden.

Das Gericht für den Bezirk der Stadt Berlin,[1] an welches die übrigen Gerichte ihre Listen[2] bis zum 31. Januar jedes Jahres einzusenden haben, stellt nach deren Eingang unverzüglich eine Gesammtliste[3] auf und macht sie durch den Reichsanzeiger bekannt.

[1] Amtsgericht I zu Berlin.

[2] Die Listen sind mit der Aufschrift „Börsenregistersache“ in je 2 Exemplaren einzureichen. Von diesen Exemplaren ist das eine derart herzustellen, daß die Rückseiten unbeschrieben bleiben. (§ 10 der S. 142 ff. abgedruckten Bekanntmachung.)

[3] Vgl. § 11 derselben Bekanntmachung.

§. 66.

Durch ein Börsentermingeschäft in einem Geschäftszweige, für welchen nicht beide[1] Parteien zur Zeit des Geschäftsabschlusses[2] in einem Börsenregister eingetragen[3] sind, wird ein Schuldverhältniß nicht begründet.[4] [5]

Das Gleiche gilt von der Ertheilung und Uebernahme von Aufträgen sowie von der Vereinigung[6] zum Abschlusse von Börsentermingeschäften.

Die Unwirksamkeit erstreckt sich auf die bestellten Sicherheiten und die abgegebenen Schuldanerkenntnisse.

Eine Rückforderung dessen, was bei oder nach völliger Abwickelung des Geschäfts zu seiner Erfüllung geleistet worden ist, findet nicht statt.

[1] Beide Parteien müssen eingetragen sein. Ist auch nur eine derselben nicht eingetragen, so ist das Rechtsgeschäft für beide Theile unverbindlich. (Motive S. 51.)

[2] Vgl. § 67.

[3] Die Eintragung beider Parteien muß sich auf den Geschäftszweig erstrecken, den das abgeschlossene Börsentermingeschäft betrifft. (Motive S. 51.)

[4] D. h. es können keine Rechtsansprüche auf Grund des Geschäftsabschlusses erhoben werden, z. B. auch nicht

im Wege der Aufrechnung. — Umfang der Unwirksamkeit Abs. 3.

[5] Vgl. aber § 68 Abs. 2.

[6] Eine solche Vereinigung kann auch in der Betheiligung an dem Handelsgewerbe eines Anderen gefunden werden. (Motive S. 51.)

§. 67.

Wer den Vorschriften des §. 58 zuwider eingetragen worden ist, gilt nur dann als eingetragen, wenn der Mangel zur Zeit des Geschäftsabschlusses dem anderen Theile nicht bekannt war.

Wer trotz erfolgter Löschung im Börsenregister noch in der Gesammtliste (§. 65) aufgeführt ist, gilt als eingetragen, sofern nicht zur Zeit des Geschäftsabschlusses der andere Theil von der bewirkten Löschung Kenntniß hatte. Das Gleiche gilt bis zum Ablauf eines Monats seit der Veröffentlichung der Gesammtliste von denjenigen Personen, welche in dieser Liste in Folge der Löschung nicht wieder aufgeführt sind.

§. 68.

Die Bestimmungen des §. 66 finden auch dann Anwendung, wenn das Geschäft im Auslande geschlossen oder zu erfüllen ist.[1] [2]

In Ansehung von Personen, welche im Inlande weder einen Wohnsitz noch eine gewerbliche Niederlassung haben, ist die Eintragung in das Börsenregister zur Wirsamkeit des Geschäfts nicht erforderlich.[3]

[1] Hierdurch ist, soweit die Eintragung der Parteien gemäß § 66 in Frage kommt, für den inländischen Richter der Grundsatz: „locus regit actum“ bei der Entscheidung über Ansprüche aus im Auslande von Inländern abgeschlossenen oder zu erfüllenden Börsentermingeschäften beseitigt.

[2] Die Frage der Zwangsvollstreckung im Inlande aus dem Urtheil eines ausländischen Gerichts über Ansprüche aus Börsentermingeschäften ergiebt sich nach den §§ 660 u. 661 der Civilprozeßordnung. Der Umstand, daß die der Entscheidung zu Grunde liegenden Börsentermingeschäfte nach inländischem Rechte ein Schuldverhältniß nicht hätten begründen können (§§ 66 u. 68 Abs. 1) ist für den Erlaß des Vollstreckungsurtheils unerheblich. (R.T.B. S. 2448 ff., bes. 2452.)

[3] Vgl. Anm. 2 zu § 69.

§. 69.

Gegen Ansprüche aus Börsentermingeschäften sowie aus der Ertheilung und Uebernahme von Aufträgen und aus der Vereinigung zum Abschlusse von Börsentermingeschäften kann von demjenigen, welcher zur Zeit der Eingehung des Geschäfts in dem Börsenregister für den betreffenden Geschäftszweig eingetragen war, sowie von demjenigen, dessen Eintragung nach den vorstehenden Bestimmungen (§. 68 Absatz 2) zur Wirksamkeit des Geschäfts nicht erforderlich war, ein Einwand nicht darauf begründet werden, daß die Erfüllung durch Lieferung der Waaren oder Werthpapiere vertragsmäßig ausgeschlossen war.[1] [2]

[1] Der Einwand von Spiel und Wette wird durch § 69 insoweit beseitigt, als er sich darauf stützt, daß

vertragsgemäß die Erfüllung des Börsentermingeschäfts durch Lieferung der Waaren oder Werthpapiere ausgeschlossen war, d. h. insofern er als sogenannter „Einwand des reinen Differenzgeschäfts" erhoben wird. Es ist damit die Klagbarkeit von Börsentermingeschäften anerkannt, in deren Erfüllung lediglich die Differenz zwischen dem vereinbarten Preise und dem Preise der Lieferungszeit beglichen werden sollte. Sofern sich der Einwand von Spiel und Wette auf andere Momente begründet, wird seine Geltendmachung durch § 69 nicht berührt. (B.E.K. S. 148. Motive S. 53, K.B. S. 48; vgl. auch Entscheidung des Reichsgerichts vom 29. 2. 1896, abgedruckt in Holdheims Monatsschrift für Aktienrecht S. 193 ff.).

Das Bürgerliche Gesetzbuch vom 18. August 1896 (R.G.Bl. S. 195 ff.) stellt das reine Differenzgeschäft dem Spiele, durch welches nach § 762 eine Verbindlichkeit nicht begründet wird, gleich, indem es in § 764 vorschreibt:

„Wird ein auf Lieferung von Waaren oder Werthpapieren lautender Vertrag in der Absicht geschlossen, daß der Unterschied zwischen dem vereinbarten Preise und dem Börsen- oder Marktpreise der Lieferungszeit von dem verlierenden Theile an den gewinnenden gezahlt werden soll, so ist der Vertrag als Spiel anzusehen. Dies gilt auch dann, wenn nur die Absicht des einen Theiles auf die Zahlung des Unterschiedes gerichtet ist, der andere Theil aber diese Absicht kennt oder kennen muß."

Der § 69 des Börsengesetzes wird indessen mit dem Inkrafttreten des Bürgerlichen Gesetzbuchs am 1. Januar 1900 nicht etwa außer Wirksamkeit gesetzt, denn der Art. 32 des Einführungsgesetzes zum Bürgerlichen Gesetzbuch bestimmt, daß die Vorschriften der Reichsgesetze in Kraft bleiben; die dabei vorgesehenen Ausnahmen treffen auf den § 69 nicht zu.

² Die aus der Schaffung des Börsenregisters (§ 54 ff.) und der Vorschrift des § 69 sich ergebende Rechtslage ist kurz zusammengefaßt folgende:

Zu scheiden sind Personen, welche der Eintragung bedürfen, um im Sinne des Gesetzes zum Abschlusse von Börsentermingeschäften fähig zu sein (§ 66) und solche Personen, bei denen die Eintragung in ein Börsenregister zur Rechtswirksamkeit des Geschäfts nicht erforderlich ist. (§ 68 Abs. 2.)

Zu der ersteren Kategorie gehören diejenigen Personen, welche im Inlande einen Wohnsitz oder eine gewerbliche Niederlassung haben, zu der zweiten die, bei denen weder das eine noch das andere der Fall ist.

Schließen Parteien, welche einen Wohnsitz oder eine Niederlassung im Inlande haben, ein Börsentermingeschäft ab und ist auch nur eine derselben nicht in ein Börsenregister für den Geschäftszweig, auf den sich das Börsentermingeschäft bezieht, eingetragen, so ist das Geschäft rechtsunwirksam und ist eine Klage auf Erfüllung aus demselben nicht gegeben. Sind beide Parteien eingetragen, so ist das Börsentermingeschäft als solches rechtswirksam, auch ist die Einrede ausgeschlossen, daß die Erfüllung durch Lieferung der Waare oder Werthpapiere vertragsmäßig nicht stattfinden sollte. (§ 69, vgl. Anm. 1.)

Schließen Personen, welche im Inlande weder einen Wohnsitz noch eine Niederlassung haben, ein Börsentermingeschäft miteinander ab, so ist zu der Rechtswirksamkeit desselben die Eintragung nicht erforderlich, auch ist der sogenannte Einwand „des reinen Differenzgeschäfts", d. h. des vertragsmäßigen Ausschlusses der Effektivlieferung unzulässig. (§ 68 Abs. 2, § 69.)

Geht eine Person, die im Inlande keinen Wohnsitz und auch keine Niederlassung hat, mit einer Person, welche im Inlande wohnt oder daselbst eine Niederlassung besitzt, ein Börsentermingeschäft ein, so ist das Geschäft unter Ausschluß des Einwandes des reinen Differenzgeschäfts rechtswirksam, wenn die Letztere für den betreffenden Geschäftszweig in ein Börsenregister eingetragen ist. Ist dies nicht der Fall, so hat der Geschäftsabschluß ein Schuldverhältniß nicht begründet. (§ 66).

Den aus dem Mangel der Eintragung nach Vorstehendem sich ergebenden Rechtsfolgen steht auch der Umstand nicht entgegen, daß das Börsentermingeschäft im Auslande abgeschlossen oder zu erfüllen war. (§ 68 Abs. 1.)

V. Kommissionsgeschäft.

§. 70.

Die Bestimmungen des Artikels 376 des Handelsgesetzbuchs[1] werden durch die Bestimmungen der §§. 71 bis 74 ersetzt.[2]

[1] Vgl. Einleitung S. 19.

[2] Im Anschluß an die Stellungnahme der Börsen-Enquetekommission (B.E.K. S. 162 ff.) hält das Gesetz an den bestehenden Vorschriften im Allgemeinen fest und sucht nur durch Ausbau und Klarstellung der gesetzlichen Bestimmungen den hervorgetretenen Mißbräuchen thunlichst vorzubeugen. (Motive S. 54, vgl. Einleitung S. 19 ff.)

§. 71.

Bei der Kommission zum Einkauf oder zum Verkauf von Waaren, welche einen Börsen- oder Marktpreis haben,[1] und von Werthpapieren,[2] bei denen ein Börsen- oder Marktpreis amtlich[3] festgestellt wird, kann der Auftrag,[4] wenn der Kommittent nicht ein Anderes bestimmt hat,[5] von dem

Kommissionär dadurch ausgeführt werden, daß er das Gut, welches er einkaufen soll, selbst als Verkäufer liefert, oder das Gut, welches er zu verkaufen beauftragt ist, selbst als Käufer übernimmt.

Im Falle einer solchen Ausführung des Auftrages ist die Pflicht des Kommissionärs, Rechenschaft über die Abschließung des Kaufs oder Verkaufs zu geben, auf den Nachweis beschränkt, daß bei dem berechneten Preise der zur Zeit der Ausführung des Auftrages bestehende Börsen- oder Marktpreis eingehalten ist.[6] Als Zeit der Ausführung gilt der Zeitpunkt, in welchem der Kommissionär die Anzeige von der Ausführung behufs der Absendung an den Kommittenten abgegeben hat.[7]

Ist bei einem Auftrage, der während der Börsen- oder Marktzeit auszuführen war, die Ausführungsanzeige erst nach dem Schlusse der Börse oder des Marktes zur Absendung abgegeben, so darf der berechnete Preis für den Kommittenten nicht ungünstiger sein, als der Preis, der am Schlusse der Börse oder des Marktes bestand.[8]

Bei Aufträgen zu bestimmten Kursen (erstem Kurs, Mittelkurs, letztem Kurs)[9] ist der Kommissionär ohne Rücksicht auf den Zeitpunkt der Absendung der Ausführungsanzeige berechtigt und verpflichtet, diese Kurse dem Kommittenten in Rechnung zu stellen.[10]

Bei Werthpapieren und Waaren, für welche der Börsen- oder Marktpreis amtlich festgestellt wird, kann der Kommissionär im Falle der Ausführung des Auftrages durch Selbsteintritt dem Kommittenten keinen ungünstigeren Preis als den amtlich festgestellten in Rechnung stellen.[11]

Die Bestimmungen der Absätze 2 bis 5 können nicht durch Vertrag abgeändert werden.

[1] Artikel 376 H.G.B. knüpfte die Ausübung des Selbsteintrittsrechts bei Waaren wie Werthpapieren gleichmäßig an die Voraussetzung des Bestehens eines, wenn auch nicht amtlich festgestellten, Börsen- oder Marktpreises. § 71 geht hinsichtlich des Handels in Werthpapieren weiter und giebt dem Kommissionär nur dann das Recht, den Ein- oder Verkaufsauftrag durch Eintritt als Selbstkontrahent auszuführen, wenn für die Werthpapiere ein Börsen- oder Marktpreis amtlich festgestellt ist. Der Grund für diese Einschränkung liegt in der Bedeutung, welche das Gesetz der amtlichen Preisnotirung überhaupt beilegt (vgl. Einleitung S. 11), und beruht auf der Erwägung, daß durch die amtliche Feststellung die künstliche Beeinflussung der Preisbildung zum Nachtheil des Kommittenten erschwert und die Prüfung des von dem Kommissionär berechneten Preises erleichtert wird. Für den Waarenverkehr ist der bisbisherige, Rechtszustand, insbesondere mit Rücksicht auf den Ein- und Ausfuhrhandel aufrecht erhalten, indem eine amtliche Feststellung der Preise bei allen für das Kommissionsgeschäft wesentlichen Waarengattungen kaum durchführbar sein würde. Soweit es möglich und werthvoll ist, kann aber der Bundesrath die amtliche Preisfeststellung auf Grund des § 35 Ziffer 2 anordnen. (Motive S. 54, 55.)

[2] Vgl. § 80.

[3] Vgl. § 29 ff.

[4] Die Fassung bringt schärfer als Art. 376 zum Aus-

druck, daß das Geschäft im Falle des Selbsteintritts den Charakter des Auftragsverhältnisses bis zu seiner Abwicklung behält. (B.E.K. S. 173, Motive S. 55.) Der Kommissionär ist gemäß Artikel 361 des Handelsgesetzbuchs verpflichtet, mit der Sorgfalt eines ordentlichen Kaufmanns im Interesse des Kommittenten zu handeln.

[5] Zum Ausschluß des Selbsteintrittsrechtes ist nicht nöthig, daß der Kommittent ausdrücklich ein Anderes bestimmt hat. Es genügt, wenn die Natur des in Frage stehenden Geschäfts es mit sich bringt, daß es nicht die Absicht des Kommittenten sein kann, ein persönliches Eintreten des Kommissionärs als Kontrahenten zuzulassen. R.O.H.G. 11 S. 43.

[6] Die dem Kommissionär durch Artikel 361 des Handelsgesetzbuchs auferlegten Pflichten bleiben bestehen. § 71 Abs. 2 stellt nur fest, in welcher Weise über die Abschließung des Kaufs oder Verkaufs Rechenschaft gegeben werden kann. (K.B. S. 49.)

[7] Bei der Ausführung des Auftrags durch den Selbsteintritt des Kommissionärs fehlt es zunächst an einer äußeren Bethätigung der Auftragsausführung, indem der Akt des Selbsteintritts an sich auf dem innerlichen Entschlusse des Kommissionars, als Selbstkontrahent aufzutreten, beruht. Ohne äußere Fixirung des Zeitpunktes der Auftragsausführung ist jedoch die im Interesse des Kommittenten nothwendige Kontrole des Innehaltens des zur Zeit der Auftragsausführung bestehenden Börsen- oder Marktpreises unmöglich Der bisherige Mangel gesetzlicher Festlegung des im Falle des Selbsteintritts maßgebenden Zeitpunkts hat, wie in der Einleitung S. 20 ausgeführt ist, erhebliche Mißbräuche zum Nachtheile des Kommittenten zur Folge gehabt (Schneiden am Kurse — Spekuliren auf dem Rücken des Kommittenten). Um diese zu verhindern, bestimmt das Gesetz, indem es davon ausgeht, daß der Selbsteintritt im Interesse des Kommittenten nicht durch einen innerlich

bleibenden Entschluß, sondern nur durch eine zum Vernehmen des Kommittenten abgegebene Erklärung vollzogen werden kann, daß die Abgabe der Ausführungsanzeige behufs Absendung an den Kontrahenten die Ausführung des Auftrags durch Selbsteintritt bedeutet und daher zeitlich seine Rechtsfolgen bestimmt. (B.E.K. S. 173, 174, Motive S. 55.)

[8] Die Bestimmung in Abs. 3 will verhüten, daß der Kommissionär zum Nachtheile des Kommittenten auf den Schlußkurs spekulirt. (B.E.K. S. 174, Motive S. 55.)

[9] Die Aufzählung ist nur eine beispielsweise. (K.B. S. 50.)

[10] Hat aber der Kommissionär aus Anlaß eines mit einem derart bestimmten Kurse aufgegebenen Auftrags ein Geschäft zu einem günstigeren Kurse als dem aufgegebenen mit einem Dritten abgeschlossen, so muß er dem Kommittenten den diesem vortheilhafteren Preis berechnen. (K.B. S. 50 § 72 Abs. 2.)

[11] Die Berechnung eines günstigeren Preises kann unter Umständen verlangt werden. (K.B. S. 50, § 72 Abs. 1.)

§. 72.

Auch im Falle der Ausführung eines Auftrages durch Selbsteintritt (§. 71) muß der Kommissionär, wenn er bei Anwendung pflichtmäßiger Sorgfalt[1] den Auftrag zu einem günstigeren als dem nach §. 71 sich ergebenden Preise ausführen konnte, dem Kommittenten den günstigeren Preis in Rechnung stellen.[2]

Hat der Kommissionär vor Absendung der Ausführungsanzeige aus Anlaß des ertheilten Auftrages an der Börse oder am Markte ein Geschäft mit

einem Dritten abgeschlossen, so darf er dem Kommittenten keinen ungünstigeren als den hierbei vereinbarten Preis berechnen.[3]

Die vorstehenden Bestimmungen können nicht durch Vertrag abgeändert werden.

[1] D. h. der Sorgfalt eines ordentlichen Kaufmanns. (Vgl. H.G.B. Art. 361 u. 282.)

[2] Diese Bestimmung war zur Ergänzung der Vorschriften des § 71 erforderlich, da es nach denselben an sich dem Belieben des Kommissionärs überlassen ist, wann er die Ausführungsanzeige absenden will.

Wäre bei Anwendung pflichtgemäßer Sorgfalt der Selbsteintritt zu einem anderen Zeitpunkt oder, statt dieser Art der Auftragsausführung, der Abschluß mit einem Dritten unter für den Kommittenten günstigeren Bedingungen möglich gewesen, so kann dieser die Berechnung des ihm vortheilhafteren Preises verlangen. (Motive S. 56.)

[3] Hierdurch wird einer besonderen, durch die Vorschriften des § 71 nicht getroffenen Art des Kursschnittes entgegengetreten. Die Motive (S. 56) bemerken hierzu: „Es wird angenommen werden dürfen, daß Abschlüsse, welche der Kommissionär gemacht hat, um sich zur Ausführung erhaltener Aufträge in Stand zu setzen, aus Anlaß dieser Aufträge erfolgt sind; natürlich folgt daraus nicht, daß, wenn zur Ausführung mehrerer gleichartiger Aufträge Geschäfte zu verschiedenen Kursen eingegangen werden mußten, jedem Auftraggeber der günstigste dieser Kurse zu berechnen wäre.

§. 73.

Der Kommissionär, der das Gut selbst als Verkäufer liefert oder als Käufer übernimmt, ist zu der gewöhnlichen Provision berechtigt und kann die bei

Kommissionsgeschäften sonst regelmäßig vorkommenden Unkosten berechnen.

[1] Die Bestimmung des § 73 ist unverändert aus dem Artikel 376 H.G.B. entnommen. Zu den Unkosten gehört besonders die übliche Maklergebühr (Courtage).

§. 74.

Erklärt der Kommissionär bei der Anzeige von der Ausführung des Auftrages nicht ausdrücklich, daß er selbst eintrete, so gilt dies als Erklärung, daß die Ausführung durch Abschluß des Geschäfts mit einem Dritten für Rechnung des Kommittenten erfolgt sei.[1]

Eine Vereinbarung zwischen dem Kommittenten und dem Kommissionär, daß die Erklärung darüber, ob der Auftrag durch Selbsteintritt oder durch Abschluß mit einem Dritten erledigt sei, über den Tag der Ausführungsanzeige hinaus aufgeschoben werden dürfe, ist ungültig.[2]

Auch wenn der Auftrag als durch Abschluß des Geschäfts mit einem Dritten ausgeführt gilt, haftet der Kommissionär, falls er nicht zugleich mit der Anzeige der Ausführung den Dritten namhaft macht, für die Erfüllung des Geschäfts.[3]

[1] Nach dem bisherigen Rechtszustande schließt einr allgemein gehaltene Ausführungsanzeige, welche die En ledigung des Auftrags durch Abschluß mit einem Drittet oder durch Selbsteintritt nicht erkennbar machte, nich- aus, daß der Kommissionär später die Auftragsausfüh, rung auf den Selbsteintritt stützt. (B.E.K. S. 17 9

R.G. 1, S. 289.) — Im Interesse des Kommittenten, für dessen weitere Entscheidungen es vielfach von Wichtigkeit sein kann, baldigst zu erfahren, daß ihm sein Kommissionär als Gegenkontrahent gegenüber getreten ist, schneidet das Gesetz die Möglichkeit, den Kommittenten über den Empfang der Ausführungsanzeige hinaus hinsichtlich der Art der Ausführung des Auftrages in Ungewißheit zu lassen, durch die Vorschrift des § 74 ab, indem mangels ausdrücklicher Erklärung des Selbsteintritts der Auftrag als durch Abschluß mit einem Dritten ausgeführt gilt. (Motive S. 56, 57, vgl. Abs. 3.)

[2] Zulässig aber ist, daß der Kommissionär, sei es bei dem einzelnen Geschäft, sei es ein für allemal mit seinem Auftraggeber vereinbart, er werde, vorbehaltlich der Erklärung des Gegentheils, als Selbstkontrahent ausführen. (Motive S. 57.)

[3] Die Stellung des Kommissionärs ist in diesem Falle nicht etwa die des Selbstkontrahenten. Behufs Rechtfertigung des angerechneten Preises ist seine Verpflichtung nicht auf den Nachweis des § 71 Absatz 2 beschränkt. (Motive S. 57, R.O.H.G. 14 S. 387.) Der Kommittent kann die Erfüllung aller derjenigen Verpflichtungen verlangen, welche der Kommissionär nach dem ertheilten Auftrage dem Dritten hätte auferlegen müssen. (R.O.H.G. 22 S. 238.)

VI. Straf- und Schlußbestimmungen.

§. 75.[1]

Wer in betrügerischer Absicht auf Täuschung berechnete Mittel anwendet, um auf den Börsen- oder Marktpreis[2] von Waaren oder Werthpapieren[3] einzuwirken, wird mit Gefängniß[4] und zugleich mit

Geldstrafe bis zu fünfzehntausend Mark bestraft.[5] Auch kann auf Verlust der bürgerlichen Ehrenrechte[6] erkannt werden.

Sind mildernde Umstände vorhanden, so kann ausschließlich auf die Geldstrafe erkannt werden.

Die gleiche Strafe trifft denjenigen, welcher in betrügerischer Absicht wissentlich unrichtige Angaben in Prospekten (§. 38) oder in öffentlichen Kundgebungen[7] macht, durch welche die Zeichnung oder der Ankauf oder Verkauf von Werthpapieren herbeigeführt werden soll.

[1] Die Vorschrift des § 75 Abs. 1 und 2 stellt sich dar als eine Erweiterung der durch das Gesetz vom 18. Juli 1884 (R.G.Bl. S. 123) dem Handelsgesetzbuche als Art. 249d Ziffer 2 eingefügten Strafbestimmung über die Einwirkung auf den Kurs von Aktien. (Vgl. § 81.)

[2] Ob eine amtliche Preisfeststellung stattfindet oder nicht, kommt nicht in Betracht.

[3] Vgl. § 80.

[4] Höchstbetrag 5 Jahre. (St.G.B. § 16.)

[5] Objektiv wird hiernach die Anwendung auf Täuschung berechneter Mittel zum Zwecke der Einwirkung auf den Kurs und subjektiv die betrügerische Absicht, d. h. die Absicht sich oder einem Anderen dadurch einen rechtswidrigen Vermögensvortheil zu verschaffen, bestraft. (Makower, Das allgemeine deutsche Handelsgesetzbuch, 11. Auflage, Berlin 1893, S. 281 Anm. 8 zu Art. 249d Ziffer 2.)

Ob der beabsichtigte Zweck erreicht ist, ist unerheblich. Auch ist es für den Thatbestand des Vergehens nicht nothwendig, daß der Preis bestimmter Waaren oder bestimmter Werthpapiere beeinflußt werden sollte. Es genügt die Anwendung auf Täuschung berechneter Mittel in der Absicht, an der Börse oder dem Markte im Allgemeinen eine günstige oder ungünstige Stimmung hervorzurufen. (K.B. S. 52.)

In dem Ankaufen von Werthpapieren an der Börse, um den Kurs zu halten oder auch zu steigern, sind an sich die nach § 75 erforderlichen Merkmale der betrügerischen Absicht und eines auf Täuschung berechneten Mittels nicht zu finden. (B.E.K. S. 161, Motive S. 57).

[6] Hinsichtlich der Wirkungen der Aberkennung der bürgerlichen Ehrenrechte vgl. St.G.B. §§ 33 u. 34; ferner oben § 7 Ziffer 2.

[7] In Kundgebungen, durch welche Werthpapiere, ohne Einführung an der Börse, dem Publikum direkt zur Zeichnung und zum Kauf angeboten werden. (K.B. S. 52.)

§. 76.[1]

Wer für Mittheilungen in der Presse, durch welche auf den Börsenpreis eingewirkt werden soll, Vortheile gewährt oder verspricht oder sich gewähren oder versprechen läßt,[2] welche in auffälligem Mißverhältniß[3] zu der Leistung stehen, wird mit Gefängniß bis zu einem Jahre und zugleich mit Geldstrafe bis zu fünftausend Mark bestraft.[4]

Die gleiche Strafe trifft denjenigen, der sich für die Unterlassung von Mittheilungen der bezeichneten Art Vortheile gewähren oder versprechen läßt.

Der Versuch ist strafbar.

Sind mildernde Umstände vorhanden, so kann ausschließlich auf die Geldstrafe erkannt werden.

[1] § 76 fehlte in der Regierungsvorlage und ist auf Vorschlag der Reichstagskommission aufgenommen. Er

richtet sich in Abs. 1 gegen die unlautere Benutzung der Presse zur Einwirkung auf den Börsenpreis (hinsichtlich der auf diesem Gebiete hervorgetretenen Mißbräuche vgl. B.E.K. S. 23, 24).

[2] „Die aktive wie passive Benutzung der Presse" wird bestraft. (K.B. S. 54.)

[3] Aus dem auffälligen Mißverhältniß muß der strafrechtliche dolus zu entnehmen sein. Das Gewähren oder Versprechen oder das Sichgewähren- oder Sichversprechenlassen muß mit dem Bewußtsein geschehen, daß ein auffälliges Mißverhältniß vorliegt.

[4] Betreffs ehrengerichtlicher Ahndung vgl. § 10 Anm. 4 Ziffer 3.)

§. 77.

Wer wissentlich den Vorschriften der §§. 40, 41, 51 und 52 zuwider Preislisten (Kurszettel) veröffentlicht[1] oder in mechanisch hergestellter Vervielfältigung verbreitet, wird mit Geldstrafe bis zu eintausend Mark oder mit Haft oder mit Gefängniß bis zu sechs Monaten bestraft.

[1] Nicht bloß die Veröffentlichung in der Presse, sondern auch das Auslegen, der Aushang oder das Anschlagen an Orten, die dem Publikum zugänglich sind, ist strafbar. (K.B. S. 54; vgl. § 3 des Gesetzes über die Presse vom 7. Mai 1874, R.G.Bl. S. 65.)

§. 78.

Wer gewohnheitsmäßig[1] in gewinnsüchtiger Absicht Andere unter Ausbeutung[2] ihrer Unerfahrenheit oder ihres Leichtsinns[3] zu Börsenspekulationsgeschäften[4] verleitet, welche nicht zu ihrem Gewerbebetriebe gehören, wird mit Gefängniß[5] und zugleich mit Geldstrafe bis zu fünfzehntausend Mark bestraft. Auch kann auf Verlust der bürgerlichen Ehrenrechte[6] erkannt werden.[7]

[1] Die Gewohnheitsmäßigkeit erfordert begrifflich eine Reihe von Einzelhandlungen, durch welche der Hang zu wiederholter Vornahme der Handlung bekundet wird. Zur Annahme der Gewohnheitsmäßigkeit ist jedoch nicht das Vorliegen einer Mehrheit von Verleitungsfällen nothwendig. Auch bei dem einzelnen zur Anklage gestellten konkreten Falle kann der gewohnheitsmäßige Charakter der Verleitung aus sonstigen Indizien, die die Annahme wiederholter Begehung rechtfertigen, nachgewiesen werden (vgl. Olshausen, Kommentar zum Strafgesetzbuch, zweite Auflage, Note 5 u. 6 zu § 260, K.B. S. 55).

[2] D. h. bewußter Ausnutzung (vgl. Olshausen l. c. § 302a Note 11).

[3] „Leichtsinn ist die rasche und unüberlegte Behandlung von Geschäften insbesondere Geldgeschäften, also namentlich das Sichnichtkümmern um die Folgen." (Vgl. Olshausen l. c. zu § 302a Note 10b).

[4] Sowohl in der Form des Börsenterminhandels, wie in der des Kassageschäfts sich bewegende Börsenspekulationsgeschäfte fallen unter § 78. (Motive S. 46.) Geschäfte, die aus bestimmten wirthschaftlich berechtigten Gründen z. B. zum Zwecke der Kapitalanlage, der Deckung, der Versicherung abgeschlossen werden, bleiben von der Strafvorschrift unberührt. (Motive S. 58).

[5] Vgl. Anm. 4 zu § 75.

[6] Vgl. Anm. 6 zu § 75.

[7] Hinsichtlich ehrengerichtlicher Ahndung vgl. zu § 10 Anm. 4 Ziffer 5.

§. 79.

Ein Kommissionär,[1] welcher, um sich oder einem Dritten einen Vermögensvortheil zu verschaffen,

1. das Vermögen des Kommittenten dadurch beschädigt, daß er hinsichtlich eines abzuschließenden Geschäfts wider besseres Wissen unrichtigen Rath oder unrichtige Auskunft ertheilt, oder
2. bei der Ausführung eines Auftrages oder bei der Abwickelung eines Geschäfts absichtlich zum Nachtheile des Kommittenten handelt,[2] [3]

wird mit Gefängniß bestraft. Neben der Gefängnißstrafe kann auf Geldstrafe bis zu dreitausend Mark sowie auf Verlust der bürgerlichen Ehrenrechte[4] erkannt werden.

Sind mildernde Umstände vorhanden, so kann ausschließlich auf die Geldstrafe erkannt werden.

Der Versuch ist strafbar in den Fällen der Ziffer 1.

[1] Die Strafbestimmung greift über das Gebiet des Börsengeschäftsbetriebes hinaus und erstreckt sich auf alle Personen, welche als Kommissionäre im Sinne des Artikels 360 des Handelsgesetzbuchs gewerbsmäßig im eigenen Namen für Rechnung eines Auftraggebers Handelsgeschäfte abschließen. (Motive S. 58.)

[2] Z. B. durch wissentliche Berechnung unrichtiger Kurse, absichtliches Auswählen eines ungünstigen Zeitpunktes für den Abschluß des Abwickelungsgeschäfts, nachtheilige Beeinflussung des Kurses, Ankündigung nicht vorhandener Waare.

[3] Die Handlungen, welche der Kommissionär im ordentlichen Geschäftsbetriebe aus Gründen vornimmt, welche mit dem betreffenden Auftrage in keinem Zusammenhange stehen, z. B. in Erledigung der Ordre eines anderen Kommittenten, sind selbstverständlich nicht strafbar, wenn sie auch mittelbar, sei es durch Steigern oder

Drücken des Kurses zu einer Benachtheiligung des Auftraggebers führen können.

[4] Vgl. Anm. 6 zu § 75.

§. 80.

Die in dem II., IV. und V. Abschnitte sowie im §. 75 bezüglich der Werthpapiere getroffenen Bestimmungen gelten auch für Wechsel und ausländische Geldsorten.[1]

[1] Ausländische Geldsorten würden nach allgemeinen Rechtsbegriffen eher zu den Waaren zu rechnen sein; ihre Bedeutung im Börsenverkehr erfordert es aber, sie in Betreff der Preisfeststellung, des Börsenterminhandels und des Kommissionsgeschäfts denselben Vorschriften zu unterwerfen, welche für Werthpapiere maßgebend sind. (Motive S. 59.)

§. 81.

Der Artikel 249d Ziffer 2 des Handelsgesetzbuchs wird aufgehoben.[1]

[1] § 81 spricht die nothwendige Folge der Strafbestimmung des § 75 Abs. 1 u. 2 aus. (Vgl. Anm. 1 zu § 75.)

Der aufgehobene Artikel 249d H.G.B. bedrohte mit Gefängniß bis zu einem Jahr und zugleich mit Geldstrafe bis zu zehntausend Mark denjenigen, der in betrügerischer Absicht auf Täuschung berechnete Mittel anwendet, um auf den Kurs von Aktien einzuwirken.

§. 82.

Dieses Gesetz tritt mit dem 1. Januar 1897 in Kraft.

Die in den §§. 54 bis 65 enthaltenen Vorschriften treten mit dem 1. November 1896 in Kraft. Mit den bis zum Ende des Jahres 1896 erfolgten Eintragungen in das Börsenregister ist nach Beginn des Jahres 1897 gemäß §. 65 zu verfahren.

Die im §. 39 enthaltene Vorschrift tritt mit dem 1. Juli 1896 in Kraft.

Der Abschluß von börsenmäßigen Termingeschäften (§. 50 Absatz 3)[1] ist nur bis zum 1. Januar 1897 gestattet mit der Maßgabe, daß die bis zu diesem Tage abgeschlossenen Geschäfte auch bis zu diesem Tage abgewickelt sein müssen.

[1] D. i. der Abschluß von Börsentermingeschäften in Getreide und Mühlenfabrikaten.

Urkundlich unter Unserer Höchsteigenhändigen Unterschrift und beigedruckten Kaiserlichem Insiegel.

Gegeben Kiel, an Bord Meiner Yacht „Hohenzollern", den 22. Juni 1896.

(L. S.) **Wilhelm.**

Fürst zu Hohenlohe.

Anhang.

Anlage I.

Bekanntmachung, betreffend die Zulassung von Werthpapieren zum Börsenhandel.

Vom 11. Dezember 1896.

(Reichs-Gesetzblatt Nr. 40 Seite 763—769.)

Auf Grund des §. 42 des Börsengesetzes vom 22. Juni 1896 (Reichs-Gesetzbl. S. 157) hat der Bundesrath folgende

Bestimmungen, betreffend die Zulassung von Werthpapieren zum Börsenhandel,

beschlossen:

§. 1.

Die Zulassung von Werthpapieren zum Börsenhandel darf nur erfolgen, wenn die Gesammtsumme der Stücke, welche auf Grund der Zulassung alsbald in den Verkehr gebracht werden sollen, nach ihrem Nennwerth sich mindestens beläuft:

für die Börsen von Berlin, Frankfurt a. M. und Hamburg auf eine Million Mark, für alle übrigen Börsen auf 500000 Mark.

Für Berlin, Frankfurt a. M. und Hamburg kann die Börsenaufsichtsbehörde im Einzelfalle die Zulassung von Werthen im Mindestbetrage von 500000 Mark gestatten, wenn der Gegenstand der Emission nur Bedeutung für das engere Wirthschaftsgebiet hat, welchem der Börsenplatz angehört. Die Landesregierung kann unter gleicher Voraussetzung für alle Börsen die Zulassung eines Betrages von weniger als 500000 Mark gestatten.

Sind die Werthpapiere von einem Gemeinwesen, einer Gesellschaft oder Person ausgestellt, von welchen sonstige Werthe bereits an derselben Börse zugelassen sind, so fällt die im Absatz 1 bezeichnete Beschränkung fort.

§. 2.

Aktien und Interimsscheine einer Aktiengesellschaft oder Kommanditgesellschaft auf Aktien dürfen nur zugelassen werden, wenn die einzelnen Stücke auf mindestens eintausend Mark lauten.

Soweit im Einklang mit der inländischen Aktiengesetzgebung die Aktien oder Interimsscheine auf einen geringeren Betrag lauten, kommt vorstehende Beschränkung in Wegfall.

Ausländische Aktien und Interimsscheine, welche auf einen geringeren Betrag lauten, dürfen nur mit Zustimmung der Landesregierung zugelassen werden.

§. 3.

Die Zulassung hat zur Voraussetzung:

1. daß die Werthpapiere voll gezahlt sind;
2. daß sie auf deutsche Währung oder gleichzeitig auf diese und eine andere Währung lauten;
3. daß die Zinsen oder Dividenden, sowie die verloosten und gekündigten Stücke an einem deutschen Börsenplatze zahlbar sind und die Aushändigung der neuen Zinsbogen daselbst kostenfrei erfolgt.

Die Vorschrift unter 1 findet auf die Aktien und Interimsscheine von Versicherungsgesellschaften keine Anwendung.

In geeigneten Fällen kann die Zulassungsstelle von den Voraussetzungen unter 1 bis 3 absehen. Die bewilligten Ausnahmen sind dem Staatskommissar unter Angabe der Gründe mitzutheilen.

Bei Ausnahmen von der Vorschrift unter 2 setzt die Zulassungsstelle den Kurs für die Umrechnung der fremden Währung in deutsche Währung fest, welcher im Börsenhandel zur Anwendung kommen soll.

§. 4.

Der Antrag auf Zulassung von Werthpapieren zum Börsenhandel ist bei der Zulassungsstelle schriftlich einzureichen. Der Antrag muß diejenigen Angaben enthalten, welche nach §. 38 Absatz 1 des

Börsengesetzes in die Veröffentlichung des Antrags aufzunehmen sind.

Dem Antrage sind der Propekt und die im §. 8 bezeichneten Nachweise beizufügen. Der Prospekt muß von denjenigen, welche ihn erlassen, unterschriftlich vollzogen sein.

Soweit die Verpflichtung zur Einreichung des Prospekts in Wegfall kommt (§. 38 Absatz 2 und 3 des Börsengesetzes), erübrigt auch die Vorlage von Nachweisen.

§. 5.

Der Prospekt muß angeben:

1. das Gemeinwesen, die Gesellschaft oder Person, für deren Werthe die Zulassung erfolgen soll;
2. den Rechtstitel (Gesetz, Privileg, Gesellschaftsvertrag, Gesellschaftsbeschluß u. s. w.), auf welchem die Berechtigung zur Ausgabe der Werthpapiere beruht;
3. den für den Ertrag der Emission vorgesehenen besonderen Verwendungszweck;
4. den Nennbetrag der Emission, und zwar sowohl denjenigen Betrag, welcher in den Verkehr gebracht, als auch denjenigen Betrag, welcher vorläufig vom Verkehr ausgeschlossen werden, und die Zeit, für welche dieser Ausschluß erfolgen soll (§. 38 Absatz 2 Satz 3 des Börsengesetzes);

5. die Merkmale (Betrag, Reihen, Nummern) der zu emittirenden Stücke, und ob diese auf den Inhaber oder auf Namen lauten;
6. die Bestimmungen über Kündbarkeit oder Unkündbarkeit, sowie über die Tilgung der Werthe;
7. die Art der Sicherstellung für Kapital-, Zins- oder Dividendenzahlungen und die Umstände, welche für die Beurtheilung der Sicherstellung von Bedeutung sind;
8. die Vorzugsrechte, welche den zu emittirenden Werthen vor früher ausgegebenen Werthen, oder diesen vor jenen zustehen (Prioritätsschulden, Prioritätsaktien u. s. w.);
9. die bei Zins-, Dividenden- oder Kapitalzahlungen erfolgenden Abzüge oder Beschränkungen;
10. die Plätze und die Termine, an denen die Zinsen oder Dividenden und die Kapitalbeträge zahlbar sind; den Zinssatz; die Fristen für die Verjährung des Anspruchs auf Zinsen oder Dividenden und auf die Kapitalbeträge;
11. den im Falle des §. 3 Absatz 4 festgesetzten Umrechnungskurs.

§. 6.

Außerdem muß der Prospekt enthalten:

A bei Anleihen eines ausländischen Staates, einer

ausländischen kommunalen Körperschaft oder kommunalen Kreditanstalt:

1. eine Uebersicht über den letzten (ordentlichen und außerordentlichen) Haushalts-Etat des Gemeinwesens oder die Angabe, daß das Gemeinwesen einen Haushalts-Etat nicht veröffentlicht;
2. eine Uebersicht über die wesentlichen Ergebnisse der drei letzten Jahreshaushaltsabschlüsse des Gemeinwesens;
3. eine Uebersicht über den Schuldenbestand des Gemeinwesens;
4. sofern die Verbindlichkeiten, welche das Gemeinwesen innerhalb der letzten zehn Jahre aus Anleihen nach Maßgabe der öffentlichen Anleihebedingungen durch Zins- oder Kapitalzahlung zu erfüllen hatte, bisher unerledigt geblieben sind, die Mittheilung der darauf bezüglichen Umstände;

B. bei Antheilscheinen oder Schuldverschreibungen eines gewerblichen Unternehmens:

1. eine Bezeichnung des Zwecks und des Umfanges des Unternehmens;
2. Angaben über eine dem Unternehmen ertheilte Konzession (Privileg), deren Dauer und die das Unternehmen besonders belastenden Konzessionsbedingungen;
3. Angaben über die Erwerbungsrechte, welche

einem Anderen gegenüber dem Unternehmen zustehen;

4. Angaben über die innerhalb der letzten drei Jahre eingetretenen Bau- oder Betriebsstörungen, durch welche die Ertragsfähigkeit des Unternehmens für längere Zeit wesentlich beeinträchtigt worden ist;
5. Angaben über die Befugnisse, welche den Inhabern der Schuldverschreibungen gegenüber dem Aussteller eingeräumt sind;

C. bei Grundkredit-Obligationen und Hypotheken-Pfandbriefen:

1. die Angabe der wesentlichen Grundsätze, nach denen die Ermittelung des Werthes und die Beleihung der Pfandgegenstände erfolgt;
2. die Angabe des Betrages, bis zu welchem Schuldverschreibungen und Pfandbriefe im Verhältniß zum Grundkapital und zu den Hypotheken ausgegeben werden dürfen;
3. die Angabe des Bestandes an Hypotheken, Grundschulden und Darlehnsforderungen sowie der Höhe der ausgegebenen, am Schlusse des letzten Kalendervierteljahres in Umlauf gewesenen Schuldverschreibungen;
4. die Angabe der wesentlichen Befugnisse, welche den Inhabern der Schuldverschreibungen gegenüber den Ausstellern eingeräumt sind (Bestellung eines Pfandhalters, Faustpfandrechte und dergleichen);

5. die Angabe der dem Staate, der Gemeinde u. s. w. zustehenden Aufsichtsbefugnisse.

§. 7.

Bei Aktien oder Schuldverschreibungen einer Aktiengesellschaft oder Kommanditgesellschaft auf Aktien muß der Prospekt außer dem durch die §§. 5 und 6 Erforderten angeben:

1. den Gegenstand des Unternehmens;
2. den Tag der Eintragung in das Handelsregister;
3. die Höhe des Grundkapitals;
4. die Art der Bestellung und Zusammensetzung des Aufsichtsraths und des Vorstandes, sowie die Namen der gegenwärtigen Mitglieder;
5. die Art, wie die Berufung der Generalversammlung der Aktionäre geschieht;
6. die Art, wie die von der Gesellschaft ausgehenden Bekanntmachungen erfolgen;
7. das Geschäftsjahr der Gesellschaft;
8. die Bestimmungen über die Aufstellung der Bilanz, die Ansammlung von Reservefonds, die Vertheilung des Gewinns, das Stimmrecht und die Bezugsrechte der Aktionäre. Für inländische Gesellschaften genügt der Hinweis auf die betreffenden Vorschriften des Handelsgesetzbuchs, soweit diese durch den Gesellschaftsvertrag nicht abgeändert sind;

9. die zu Gunsten einzelner Aktionäre bedungenen besonderen Vortheile, soweit sie in fortlaufenden Bezügen oder in der Rückzahlung der Aktien bestehen;

10. sofern nicht bereits zwei volle Jahre seit Eintragung der Gesellschaft in das Handelsregister verflossen sind: die zu Gunsten einzelner Aktionäre bedungenen, nicht unter Ziffer 9 fallenden besonderen Vortheile; die von der Gesellschaft übernommenen vorhandenen oder herzustellenden Anlagen oder sonstigen Vermögensstücke; die von Aktionären auf das Grundkapital gemachten Einlagen, welche nicht durch Baarzahlung zu leisten sind; der Gesammtaufwand, welcher zu Lasten der Gesellschaft an Aktionäre oder Andere als Entschädigung oder Belohnung für die Gründung oder deren Vorbereitung gewährt ist;

11. die in den letzten fünf Jahren vertheilten Dividenden;

12. die Bilanz des letzten Geschäftsjahres nebst Gewinn- und Verlustrechnung oder — sofern das erste Geschäftsjahr der Gesellschaft noch nicht abgelaufen ist — eine Gegenüberstellung der Vermögensstücke und Verbindlichkeiten;

13. die Höhe der Hypothekenschulden und Anleihen, deren Fälligkeit und Tilgungsart;

14. die Bezugsrechte der ersten Zeichner und anderer Personen.

Bei Schuldverschreibungen einer Gesellschaft mit beschränkter Haftung finden die vorstehenden Bestimmungen entsprechende Anwendung.

§. 8.

Es sind beizugeben:

1. jedem Zulassungsantrage der Nachweis über den der Emission zu Grunde liegenden Rechtstitel (§. 5 Ziffer 2), sowie über das Verhältniß zu früher ausgegebenen Werthen (§. 5 Ziffer 8);
2. dem Antrage auf Zulassung der Anleihe eines ausländischen Staates, einer ausländischen kommunalen Körperschaft oder kommunalen Kreditanstalt: der Nachweis, daß die durch §. 6A unter 1 bis 3 erforderten Uebersichten auf amtlichen Feststellungen beruhen;
3. dem Antrage auf Zulassung der Werthe eines Unternehmens, welches auf einer Konzession beruht: die Konzessionsurkunde oder ein Auszug aus derselben, welcher die im §. 6B unter 2 erforderten Angaben nachweist;
4. dem Antrage auf Zulassung von Aktien oder Schuldverschreibungen einer Aktiengesellschaft oder Kommanditgesellschaft auf Aktien:
   a) der Nachweis über die Eintragung in das Handelsregister;

b) der Gesellschaftsvertrag;
c) der letzte Geschäftsbericht;
d) bei inländischen Gesellschaften, sofern nicht bereits zwei volle Jahre seit der Eintragung in das Handelsregister verflossen sind, der nach Artikel 209 h des Handelsgesetzbuchs von besonderen Revisoren erstattete Bericht.

Die Beweisstücke sind in einer Form vorzulegen, welche nach dem Ermessen der Zulassungsstelle den Inhalt glaubhaft ergiebt. Den Beweisstücken, welche in einer anderen als der deutschen, englischen oder französischen Sprache abgefaßt sind, ist eine beglaubigte Uebersetzung beizufügen.

§. 9.

Von den Erfordernissen im §. 6 A unter 1 bis 3, sowie im §. 8 unter 2 kann bei Anleihen solcher ausländischen Staaten ausnahmsweise abgesehen werden, deren Finanzverhältnisse so klar liegen und so allgemein bekannt sind, daß es einer weiteren Information des Publikums im Sinne des §. 36 Absatz 3 b des Börsengesetzes nicht bedarf. Bei Schuldverschreibungen von Gemeinwesen, Gesellschaften oder Personen, welche von solchen Staaten garantirt sind, kann von den Erfordernissen im §. 6 A unter 1 bis 3, im §. 6 B unter 2 bis 4, im §. 7 unter 2, 4 bis 10, 12 und im §. 8 unter 2 bis 4 ausnahmsweise abgesehen werden.

Eine derartige Ausnahmebewilligung ist unzulässig, wenn auf den ausländischen Staat die im §. 6A unter 4 bezeichneten Voraussetzungen zutreffen.

Die bewilligten Ausnahmen sind dem Staatskommissar unter Angabe der Gründe mitzutheilen.

§. 10.

Nach Eingang des Zulassungsantrags verfügt die Zulassungsstelle die Veröffentlichung desselben, sofern er den Erfordernissen des §. 38 Absatz 1 des Börsengesetzes entspricht.

Die Veröffentlichung erfolgt auf Kosten des Antragstellers im Reichsanzeiger und in mindestens zwei anderen inländischen Zeitungen. Diese werden von der Zulassungsstelle mit der Maßgabe bestimmt, daß sich unter ihnen eine Zeitung, welche am Börsenplatze erscheint, und, wenn es sich um Aktien oder Schuldverschreibungen einer inländischen Aktiengesellschaft oder Kommanditgesellschaft auf Aktien handelt, eine Zeitung befinden muß, welche in dem engeren Wirthschaftsgebiet erscheint, dem die Gesellschaft angehört. Außerdem ist der Antrag durch Aushang in der Börse bekannt zu machen.

§. 11.

Nachdem die Veröffentlichung verfügt ist, tritt die Zulassungsstelle alsbald in die Prüfung darüber ein, ob der Prospekt die in den §§. 5 bis 7 vorgesehenen Angaben enthält. Ergeben sich Anstände in Betreff der Vollständigkeit oder Deutlichkeit der Angaben, so fordert sie den Antragsteller zu deren Beseitigung auf.

Sie bestimmt ferner nach Maßgabe des §. 36 Absatz 3a und b des Börsengesetzes, welche sonstigen Angaben in den Prospekt aufzunehmen oder welche sonstigen Urkunden ihr zur Prüfung vorzulegen sind und richtet an den Antragsteller die entsprechende Aufforderung.

Kommt der Antragsteller den Aufforderungen nicht nach, so wird, vorbehaltlich des in der Börsenordnung etwa vorgesehenen Beschwerderechts, der Antrag zurückgewiesen.

§. 12.

Zwischen der Veröffentlichung des Antrags durch die am Börsenplatze erscheinende Zeitung und dem Zulassungsbeschluß muß eine Frist von mindestens drei Tage liegen.

§. 13.

Bei der Beschlußfassung über die Zulassung sind die in Folge der Veröffentlichung des Antrags etwa erhobenen Erinnerungen zu prüfen und die im §. 36 Absatz 3c des Börsengesetzes bezeichneten Gesichtspunkte zu beachten.

In dem Zulassungsbeschluß ist unter Berücksichtigung der Vorschrift im §. 38 Absatz 1 Satz 2 des

Börsengesetzes der Tag zu bestimmen, von welchem ab die Einführung an der Börse erfolgen darf.

Der Zulassungsbeschluß ist durch dreitägigen Aushang in der Börse zu veröffentlichen.

Die Beweisstücke (§. 8) sind von der Veröffentlichung des Zulassungsbeschlusses ab bis zur Einführung an der Börse öffentlich auszulegen.

§. 14.

Die Veröffentlichung des Prospekts muß von dem Antragsteller in denselben Zeitungen, mit Ausnahme des Reichsanzeigers, bewirkt werden, in denen der Antrag auf Zulassung veröffentlicht worden ist.

§. 15.

Zugelassene Werthpapiere dürfen frühestens am dritten Werktage nach dem Tage des Zulassungsbeschlusses und nach dem Tage, an welchem der Prospekt zuerst veröffentlicht worden ist, an der Börse eingeführt werden.

Berlin, den 11. Dezember 1896.

Der Reichskanzler.
In Vertretung:
von Boetticher.

Anlage II.

Bekanntmachung, betreffend die Führung der Börsenregister und die Aufstellung der Gesammtliste.

Vom 9. Oktober 1896.

(Centralblatt für das Deutsche Reich Nr. 43, S. 492—496).

In Ausführung der §§. 54—65 des Börsengesetzes vom 22. Juni 1896 (Reichs-Gesetzbl. S. 157) hat der Bundesrath folgende Bestimmungen über die Führung der Börsenregister und die Aufstellung der Gesammtliste beschlossen:

I. Führung der Börsenregister.

§. 1.

Die Eintragungen in das Börsenregister für Waaren erfolgen nach dem beiliegenden Formular A, die Eintragungen in das Börsenregister für Werthpapiere nach dem beiliegenden Formular B unter Beachtung der in den Formularen enthaltenen Erläuterungen.

§. 2.

Die Obliegenheiten des Richters und des Gerichtsschreibers (Registerführers) bei Führung der

Börsenregister und den auf die Eintragungen in das Register bezüglichen Verhandlungen bestimmen sich nach den in den einzelnen Bundesstaaten für das Handelsregister geltenden Vorschriften.

Auf die Ertheilung von Abschriften, Auszügen und Bescheinigungeu aus dem Register und auf die Bekanntmachung der Eintragungen in dasselbe finden, soweit nicht im Börsengesetze oder in diesen Bestimmungen etwas Anderes angeordnet ist, die zu den Artikeln 12 bis 14 des Handelsgesetzbuchs in den einzelnen Bundesstaaten ergangenen Ausführungsbestimmungen entsprechende Anwendung.

Die Bekanntmachungen im Reichsanzeiger (§. 62 des Börsengesetzes) sind in einem bestimmten Theile desselben zusammenzustellen.

§. 3.

Die Eintragungen sind von dem Registerführer zu unterzeichnen.

Nach erfolgter Eintragung ist in den Akten die Erledigung der Verfügung und der Tag der Erledigung zu vermerken.

§. 4.

Für jedes der beiden Börsenregister werden besondere Akten

(A. Akten, betreffend das Börsenregister für Waaren, —

B. Akten, betreffend das Börsenregister für Werthpapiere,)

gehalten. Zu diesen Akten gelangen nach der Zeitfolge alle auf die Registereintragungen bezüglichen Eingänge und die von dem Gerichte erlassenen Verfügungen, sowie die Nachweisungen über die erfolgten Bekanntmachungen.

Nehmen Verhandlungen über einzelne Fälle einen Umfang an, der die Aufnahme in die Sammelakten ungeeignet erscheinen läßt, so sind Sonderakten zu bilden.

§. 5.

Das Börsenregister ist dauernd aufzubewahren.

Die Registerakten können vernichtet werden, wenn dreißig Jahre verstrichen sind, seitdem alle Eintragungsvermerke, auf welche die Akten sich beziehen, gelöscht waren.

§. 6.

Von jeder Eintragung oder von der Ablehnung der Eintragung ist der Antragsteller zu benachrichtigen. In dem ablehnenden Bescheide sind die Gründe der Ablehnung anzugeben.

Von der Löschung erhält der Eingetragene auch dann Nachricht, wenn sie von Amtswegen erfolgt ist. Eine Bekanntmachung der Löschungen in öffentlichen Blättern findet nicht statt.

Die in den Absätzen 1 und 2 bezeichneten Benachrichtigungen können ohne Förmlichkeiten, insbesondere durch einfache Postsendung, erfolgen.

§. 7.

Das Gericht der Eintragung hat, sobald bei Zahlung der Erhaltungsgebühr oder aus sonstigem Anlaß zu seiner Kenntniß gelangt, daß eine Verlegung der Niederlassung oder des Wohnsitzes des Eingetragenen erfolgt ist (§. 55 Absatz 2 Satz 2 des Börsengesetzes), dem für den Ort der neuen Niederlassung oder des neuen Wohnsitzes zuständigen Gerichte von dem Sachverhalt unter Beifügung eines Auszuges aus dem Börsenregister Mittheilung zu machen. Dieses Gericht nimmt nach Prüfung der Voraussetzungen für die Uebertragung die neue Eintragung vor und setzt davon den Eingetragenen, sowie das bisher zuständige Gericht in Kenntniß, welches sodann die Löschung seiner Eintragung unter Hinweis auf die Uebertragung herbeiführt.

§. 8.

Bevollmächtigte haben ihre Befugniß zur Stellung von Anträgen oder zur Abgabe von Erklärungen durch eine gerichtlich oder notariell aufgenommene oder beglaubigte Vollmacht nachzuweisen.

§. 9.

Auf die Erledigung der das Börsenregister betreffenden Angelegenheiten sind die Gerichtsferien ohne Einfluß.

II. Aufstellung der Gesammtliste.

§. 10.

Die von den Gerichten gemäß §. 65 des Börsengesetzes alljährlich an das Amtsgericht I zu Berlin zu übersendende Liste ist pünktlich bis zum 31. Januar jedes Jahres mit der Aufschrift „Börsenregistersache“ in zwei Exemplaren einzureichen. Von diesen Exemplaren ist das eine derart herzustellen, daß die Rückseiten unbeschrieben bleiben.

In die Liste sind die in den Spalten 2 bis 4 des Formulars A und in den Spalten 2 bis 3 des Formulars B vorgesehenen Eintragungen, welche am 1. Januar noch in Kraft bestanden, für jedes der beiden Register gesondert aufzunehmen, und zwar derart, daß die Orte, an denen die Personen oder Firmen ihren Wohnsitz oder ihre Niederlassung haben, in alphabetischer Reihenfolge und für jeden Ort die Personen und Firmen gleichfalls in alphabetischer Reihenfolge geordnet werden.

§. 11.

Die Gesammtliste umfaßt unter A die Eintragungen in das Börsenregister für Waaren, unter B die Eintragungen in das Börsenregister für Werthpapiere.

In jeder dieser Abtheilungen werden die Orte, an denen die Personen oder Firmen ihren Wohnsitz oder ihre Niederlassung haben, in alphabetischer Reihenfolge und für jeden Ort die Personen und

Firmen gleichfalls in alphabetischer Reihenfolge aufgeführt. (Formular C.)

Die Bekanntmachung der Gesammtliste im Reichsanzeiger ist mit besonderer Beschleunigung herbeizuführen.

Berlin, den 9. Oktober 1896.

Der Reichskanzler.

In Vertretung: v. Boetticher.

Formular A.

Börsenregister für Waaren.

1. Laufende Nr.	2. Name, Vorname, Stand, Firma.	3. Ort der Niederlassung oder Wohnsitz.	4. Geschäftszweig.	5. Bemerkungen.
1.	*Lucas, Hans, Kaufmann*	*Hamburg*	*Kaffee* *Zucker*	*Eingetragen am 17. November 1897 (Registerakten A Band IV Bl. 389).* *X., Registerführer.* *Die Ausdehnung auf Zucker ist eingetragen am 14. April 1899 (Registerakten A Band VI Bl. 84).* *X., Registerführer.* *Gelöscht am 31. Dezember 1901 (Registerakten A Band IX Bl. 44)* *X., Registerführer.*
2.	u. s. w.			

Erläuterungen.

1. Zur Ermöglichung von Zusätzen in den Spalten 4 und 5 ist zwischen den laufenden Nummern ein größerer Zwischenraum zu lassen, als ihn die erste Eintragung erheischt.
2. In Spalte 3 ist auch Straße und Hausnummer einzutragen, sofern diese Angabe zur Feststellung der Identität erforderlich erscheint.
3. Ist die Eintragung auf bestimmte Geschäftszweige nicht beschränkt (§. 61 des Börsengesetzes), so bleibt die Spalte 4 offen.
4. In Spalte 5 ist der Tag der ersten Eintragung, der Tag der Eintragung von Aenderungen in Spalte 4 oder von sonstigen Aenderungen und der Tag der Löschung unter Hinweis auf den Band und das Blatt der Registerakten aufzunehmen.
5. Soweit die Eintragungen durch Löschung erledigt sind, werden sie unterstrichen.

Börsenregister für Werthpapiere. Formular B.

1.	2.	3.	4.
Lfde. Nr.	Name, Vorname, Stand, Firma.	Ort der Niederlassung od. Wohnsitz.	Bemerkungen.
1.	*Meyer, Julius, Bankier (Firma: A C Meyer)*	*Schöneberg Potsdamer-Str. 2.*	*Eingetragen am 10. November 1896 (Registerakten B Band I Bl. 4). X, Registerführer. Gelöscht in Folge Uebertragung in das Register des Grossherzoglich badischen Amtsgerichts zu Mannheim am 17. Juni 1897 (Registerakten B Band I Bl. 98). X, Registerführer.*
2.	*Kurtz & Spanhake offene Handelsgesellschaft*	*Steglitz*	*Eingetragen am 12. Januar 1897 (Registerakten B Band II Bl. 147). X, Registerführer.*
3.	*Deutsche Hypothekenbank, Aktien-Ges.*	*Rixdorf*	*Eingetragen am 4. Februar 1897 (Registerakten B Band II Bl. 349). X, Registerführer.*

Erläuterungen.

1. Zur Ermöglichung von Zusätzen in der Spalte 4 ist zwischen den laufenden Nummern ein größerer Zwischenraum zu lassen, als ihn die erste Eintragung erheischt.
2. In Spalte 3 ist auch Straße und Hausnummer einzutragen, sofern diese Angabe zur Feststellung der Identität erforderlich erscheint.
3. In Spalte 4 ist der Tag der ersten Eintragung, der Tag der Eintragung von Aenderungen und der Tag der Löschung unter Hinweis auf den Band und das Blatt der Registerakten aufzunehmen.
4. Soweit die Eintragungen durch Löschung erledigt sind, werden sie unterstrichen.

Formular C.

Gesammtliste

derjenigen Eintragungen in die Börsenregister, welche am 1. Januar 1897 in Kraft bestanden.

A. Börsenregister für Waaren.

Aachen. *Abel, Heinrich, Brauereibesitzer — Firma Schulz & Co., Kölner Strasse 2 (Spiritus).*

Althoff & Müller, offene Handelsgesellschaft.

Augsburg.

u. s. w.

B. Börsenregister für Werthpapiere.

u. s. w.

Erläuterung. Die in Klammern etwa vermerkte Waarengattung bezeichnet den Geschäftszweig, auf welchen die Eintragung beschränkt ist.

Anlage III.

Bestimmungen über die Bestellung und Entlassung der Kursmakler.

Reichsanzeiger Nr. 275 vom 19. November 1896.

§. 1.

Die Kursmakler (§ 30 des Reichs-Börsengesetzes) werden für die Börse in Berlin durch den Oberpräsidenten der Provinz Brandenburg und der Stadt Berlin und für die übrigen Börsen, wo solche bestellt werden, durch den Regierungs-Präsidenten, in dessen Verwaltungsbezirk die Börse belegen ist, bestellt und in seinem Auftrage darauf vereidigt, daß sie die ihnen obliegenden Pflichten getreu erfüllen werden (§. 30 Absatz 1 a. a. O).

§. 2.

Vor der Bestellung sind die Handelsorgane, denen die unmittelbare Aufsicht über die Börse übertragen ist (§. 1 Absatz 2 des Reichs-Börsengesetzes), und wo eine Vertretung der Kursmakler (§. 30 Absatz 2 a. a. O.) besteht, auch diese zu hören.

§. 3.

Der zum Kursmakler Bestellte erhält nach seiner Vereidigung eine von der ihn bestellenden Behörde ausgefertigte Bestallung.

§. 4.

Die Entlassung eines Kursmaklers kann erfolgen, wenn er sich einer groben Verletzung der ihm obliegenden Pflichten schuldig macht oder sich durch sein Verhalten in oder außer dem Amt der Achtung, des Ansehens und des Vertrauens, die sein Beruf erfordert, unwürdig zeigt, oder zur Erfüllung seiner Amtspflicht dauernd unfähig wird. Die Entlassung erfolgt durch dieselbe Behörde, welche die Bestellung vorgenommen hat. Vor der Entlassung sind die in § 2 bezeichneten Organe zu hören.

§. 5.

Die vorstehenden Bestimmungen finden auf die bei eintretendem Bedürfniß zu bestellenden Stellvertreter von Kursmaklern mit der Maßgabe Anwendung, daß solche auch für eine im voraus bestimmte Zeit bestellt werden können.

Die Stellvertreter haben für die Dauer der Stellvertretung die Rechte und Pflichten von Kursmaklern.

§. 6.

Die für die Börsenbesucher geltenden Vorschriften des Reichs-Börsengesetzes und der Börsenordnung, insbesondere in Betreff des ehrengerichtlichen Verfahrens, der Zulassung und der Ausschließung vom Börsenbesuche und der Handhabung der Ordnung in den Börsenräumen finden auch auf die Kursmakler Anwendung.

§. 7.

Ueber die Pflichten der Kursmakler, über die Organisation ihrer Vertretung, über ihr Verhältniß zu den Staatskommissaren und den Börsenorganen, sowie darüber, in welcher Weise die Beobachtung der Vorschrift des §. 32 Absatz 1 des Reichs-Börsengesetzes zu überwachen ist, bleibt der Erlaß von Bestimmungen für die einzelnen Börsen vorbehalten.

Berlin, den 14. November 1896.

Der Minister für Handel und Gewerbe.
gez. Brefeld.

Anlage IV.

Maklerordnung für die Kursmakler an der Berliner Börse.

(Reichs-Anzeiger Nr. 291 vom 8. Dezember 1896.)

Auf Grund der §§. 30 Abs. 2 und 32 Abs. 1 des Reichs-Börsengesetzes vom 22. Juni 1896 bestimme ich für die Kursmakler an der Berliner Börse, was folgt:

Bestellung und Entlassung der Kursmakler.

§. 1.

Die Bestellung und Entlassung der Kursmakler (§§ 30 bis 34 des Reichs-Börsengesetzes vom 22. Juni 1896) erfolgt nach Maßgabe meines Erlasses vom 14. November 1896, welcher lautet:

§§. 1.

Die Kursmakler (§. 30 des Reichs-Börsengesetzes) werden für die Börse in Berlin durch den Ober-Präsidenten der Provinz Brandenburg und der Stadt Berlin und für die übrigen Börsen, wo solche bestellt werden, durch den Regierungs-Präsidenten, in dessen Verwaltungsbezirke die Börse belegen ist, bestellt und in seinem Auftrage darauf vereidigt, daß sie die ihnen obliegenden Pflichten getreu erfüllen werden (§. 30 Abs. 1 a. a. O.).

§§. 2.

Vor der Bestellung sind die Handelsorgane, denen die unmittelbare Aufsicht über die Börse übertragen ist (§. 1 Abs. 2 des Reichs-Börsengesetzes), und wo eine Vertretung der Kursmakler (§. 30 Abs. 2 a. a. O.) besteht, auch diese zu hören.

§§. 3.

Der zum Kursmakler Bestellte erhält nach seiner Vereidigung eine von der ihn bestellenden Behörde ausgefertigte Bestallung.

§§. 4.

Die Entlassung eines Kursmaklers kann erfolgen, wenn er sich einer groben Verletzung der ihm obliegenden Pflichten schuldig macht oder sich durch sein Verhalten in oder außer dem Amt der Achtung, des Ansehens und des Vertrauens, die sein Beruf erfordert, unwürdig zeigt oder zur Erfüllung seiner Amtspflicht dauernd unfähig wird. Die Entlassung erfolgt durch dieselbe Behörde, welche die Bestellung vorgenommen hat. Vor der Entlassung sind die in §. 2 bezeichneten Organe zu hören.

§§. 5.

Die vorstehenden Bestimmungen finden auf die bei eintretendem Bedürfniß zu bestellenden Stellvertreter von Kursmaklern mit der Maßgabe Anwendung, daß solche auch für eine im voraus bestimmte Zeit bestellt werden können.

Die Stellvertreter haben für die Dauer der Stellvertretung die Rechte und Pflichten von Kursmaklern.

§§. 6.

Die für die Börsenbesucher geltenden Vorschriften des Reichs-Börsengesetzes und der Börsenordnung, insbesondere in Betreff des ehrengerichtlichen Verfahrens, der Zulassung und der Ausschließung vom Börsenbesuche und der Handhabung der Ordnung in den Börsenräumen finden auch auf die Kursmakler Anwendung.

§§. 7.

Ueber die Pflichten der Kursmakler, über die Organisation ihrer Vertretung, über ihr Verhältniß zu den Staats-Kommissaren und den Börsenorganen, sowie darüber, in welcher Weise die Beobachtung der Vorschrift des §. 32 Abs. 1 des Reichs-Börsengesetzes zu überwachen ist, bleibt der Erlaß von Bestimmungen für die einzelnen Börsen vorbehalten.

Maklerkammer.

§. 2.

Die Kursmakler an der Berliner Börse werden durch eine aus elf Mitgliedern bestehende Maklerkammer vertreten, für die zugleich fünf Stellvertreter zu wählen sind. Von den Mitgliedern müssen zwei und von den Stellvertretern muß einer an der Produktenbörse thätig sein.

Die Stellvertreter werden erforderlichenfalls durch den Vorsitzenden der Kammer einberufen.

§. 3.

Die Mitglieder und die Stellvertreter werden von den Kursmaklern aus ihrer Mitte gewählt.

Schwebt gegen einen Kursmakler ein ehrengerichtliches oder wegen einer strafbaren Handlung, welche die Unfähigkeit zur Bekleidung öffentlicher Aemter zur Folge haben kann, ein strafrechtliches Verfahren, so ruht das Wahlrecht während der Dauer dieses Verfahrens.

§. 4.

Die Wahlen zur Maklerkammer erfolgen auf vier Jahre. Nach zwei Jahren scheiden sechs Mitglieder und drei Stellvertreter, nach weiteren zwei Jahren die übrigen fünf Mitglieder und zwei Stellvertreter aus. Die zuerst ausscheidenden sechs Mitglieder und drei Stellvertreter werden durch das Loos bestimmt. Die Ausscheidenden sind wieder wählbar.

§. 5.

Die Wahl zur Maklerkammer wird vom jeweiligen Kammervorstande anberaumt und geleitet.

Für die erste Wahlversammlung sowie für die Form der Einladung zu den Wahlen treffen die

Aeltesten der Kaufmannschaft die erforderlichen Bestimmungen, die durch Aushang an der Börse bekannt zu machen sind. Die Wahl erfolgt durch Stimmzettel in geheimer Abstimmung, sofern die Versammlung nicht einstimmig ein Anderes beschließt.

Gewählt sind diejenigen, die die Mehrheit der abgegebenen Stimmen erhalten haben.

Insoweit sich im ersten Wahlgang eine absolute Mehrheit nicht ergiebt, sind diejenigen Personen, welche abgesehen von den etwa mit absoluter Mehrheit gewählten die meisten Stimmen erhalten haben, in der doppelten Anzahl der noch zu wählenden in eine engere Wahl zu bringen, bei welcher diejenigen als gewählt zu betrachten sind, welche die meisten Stimmen auf sich vereinigt haben.

Das Wahlergebniß ist nach Abschluß der Wahl durch Aushang an der Börse bekannt zn machen.

Einsprüche gegen die Gültigkeit des Wahlergebnisses sind binnen acht Tagen nach Verkündigung desselben an die Maklerkammer zu richten. Gegen die Entscheidung der Maklerkammer findet Beschwerde an die Aeltesten der Kaufmannschaft statt, deren Entscheidung endgültig ist.

§. 6.

Scheidet ein Mitglied der Maklerkammer früher als drei Monate vor Ablauf seiner Wahlperiode aus, so ergänzt sich die Maklerkammer bis zum nächsten Wahltermin durch Zuwahl aus der Reihe der Stellvertreter.

In dem nächsten Wahltermin wird für den Ausgeschiedenen, sofern dessen Wahlperiode noch nicht abgelaufen ist, für deren Dauer ein Ersatzmann gewählt. Ist die Wahlperiode abgelaufen, so findet Neuwahl statt.

§. 7.

Der Vorstand der Maklerkammer besteht aus einem Vorsitzenden, einem stellvertretenden Vorsitzenden, einem Schriftführer, einem stellvertretenden Schriftführer und einem Schatzmeister. Der Vorstand wird von der Maklerkammer aus ihrer Mitte gewählt.

Von den Mitgliedern des Vorstandes müssen vier an der Fondsbörse und eines an der Produktenbörse thätig sein.

§. 8.

Ueber die Kammer- und Vorstandssitzungen, sowie über die Wahlhandlungen der Kursmakler sind Protokolle aufzunehmen, die von dem Vorsitzenden und dem mit der Protokollführung beauftragten Mitgliede zu unterzeichnen sind.

Die Ergebnisse der Maklerkammer und der Vorstandswahlen sind dem Minister für Handel und Gewerbe, dem Staatskommissar, den Aeltesten der Kaufmannschaft und dem Börsenvorstand mitzutheilen.

§. 9.

Die Maklerkammer hat

a. auf Erfordern des Oberpräsidenten Gutachten abzugeben über die Bestellung (§ 30 Absatz 2 des Reichs-Börsengesetzes) und Entlassung von Kursmaklern und über eine etwaige Stellvertretung behinderter Kursmakler;

b. die Vertheilung der Geschäfte unter die einzelnen Kursmakler (Gruppenbildung) vorzunehmen und dem Börsenvorstand wie dem Staatskommissar mitzutheilen, welche dagegen binnen einer Woche Einspruch bei den Aeltesten der Kaufmannschaft einzulegen befugt sind. Ist Einspruch erfolgt, so entscheiden die Aeltesten der Kaufmannschaft;

c. die Aufsicht über die Erfüllung der den Kursmaklern als solchen obliegenden Pflichten auszuüben und bei Pflichtverletzungen die geeigneten Disziplinarstrafen zu verhängen;

d. Streitigkeiten unter den Kursmaklern auf Antrag zu schlichten;

e. Streitigkeiten aus dem Auftragsverhältniß zwischen einem Kursmakler und dem Auftraggeber auf Antrag des letzteren zu schlichten;

f. auf Erfordern der staatlichen Behörden Gutachten, insbesondere über Gesetzgebungs- und Verwaltungsfragen, welche die Interessen der Kursmakler berühren, zu erstatten.

§. 10.

Die Maklerkammer kann die in §. 9 unter d und e bezeichneten Aufgaben einzelnen ihrer Mitglieder oder Unterkommissionen übertragen.

§. 11.

Der Vorstand hat

a. die Maklerkammer nach außen hin zu vertreten;

b. die Verwaltung der Einnahmen und Ausgaben der Maklerkammer zu besorgen und ihr über die Verwaltung jährlich Rechnung zu legen.

c. die Sitzungen der Maklerkammer vorzubereiten, zu berufen und zu leiten und deren Beschlüsse zur Ausführung zu bringen.

d. die für die Verwaltung erforderlichen Beamten anzustellen und zu beaufsichtigen.

§. 12.

Rechtsverbindliche Erklärungen der Maklerkammer müssen mit der Unterschrift des Vorsitzenden oder seines Stellvertreters, des Schriftführers oder seines Stellvertreters und eines ferneren Mitgliedes der Maklerkammer versehen sein.

Der Vorstand kann einzelne seiner Mitglieder oder andere Kammermitglieder oder Beamte der Maklerkammer zur Vornahme bestimmter Geschäfte oder bestimmter Arten von Geschäften auf eine bestimmte Zeit ermächtigen.

§. 13.

Die Mitglieder des Vorstandes und der Maklerkammer verwalten ihr Amt als Ehrenamt. Baare Ausgaben werden aus den Einnahmen erstattet.

§. 14.

Die Berufung der Maklerkammer muß erfolgen, wenn der Staatskommissar oder die Aeltesten der Kaufmannschaft oder fünf Mitglieder der Maklerkammer oder zwanzig Kursmakler unter Angabe des zu behandelnden Gegenstandes es beantragen.

§. 15.

Die Einladung zu den Sitzungen der Maklerkammer und des Vorstandes erfolgt schriftlich durch den Vorsitzenden oder dessen Stellvertreter. Gleichzeitig ist dem Staatskommissar von der Anberaumung der Sitzung Mittheilung zu machen.

Die Gegenstände, über die in der Sitzung Beschluß gefaßt werden soll, müssen in der Einladung und in der Mittheilung an den Staatskommissar bezeichnet werden. Ueber andere Gegenstände, mit Ausnahme des Antrags auf abermalige Berufung der Maklerkammer, darf ein Beschluß nur dann gefaßt werden, wenn nicht mehr als zwei Kammermitglieder widersprechen.

Der Staatskommissar ist berechtigt, an den Sitzungen mit berathender Stimme theilzunehmen.

§. 16.

Die Maklerkammer und der Vorstand sind beschlußfähig, wenn mehr als die Hälfte der Mitglieder anwesend ist. Muß eine Beschlußfassung wegen Beschlußunfähigkeit vertagt werden, so erfolgt die Einladung zu einer Sitzung unter Hinweis auf diese Thatsache mit einer Frist von mindestens 24 Stunden. In der neuen Sitzung erfolgt die Beschlußfassung über den betreffenden Gegenstand ohne Rücksicht auf die Zahl der Anwesenden, wenn mindestens drei Mitglieder anwesend sind.

§. 17.

Die Beschlüsse der Maklerkammer und des Vorstandes werden mit Stimmenmehrheit gefaßt. Im Falle der Stimmengleichheit entscheidet die Stimme des Vorsitzenden. Die bei einer Beschlußfassung betheiligten Mitglieder sind von der Abstimmung ausgeschlossen.

Im übrigen regeln die Maklerkammer und der Vorstand ihre Geschäftsordnung selbst.

§. 18.

Der Vorstand hat jährlich dem Staatskommissar und den Aeltesten der Kaufmannschaft über seine Thätigkeit und die der Kammer Bericht zu erstatten. Dieser Bericht ist allen Kursmaklern der Berliner Börse in je einem Druckexemplar mitzutheilen.

§. 19.

Am Anfang jedes Jahres ist ein Voranschlag für die Einnahmen und Ausgaben der Maklerkammer vom Vorstande aufzustellen und von der Maklerkammer zu genehmigeu. Zur Deckung der veranschlagten Kosten können erhoben werden

a. in den Fällen des § 9d und e Gebühren nach einem aufzustellenden Gebührentarif;

b. Beiträge der Kursmakler. Die Maklerkammer beschließt über deren Erhebung und über den Fuß, nach dem sie erhoben werden.

Rechte und Pflichten der Kursmakler.

§. 20.

Die Kursmakler sind verpflichtet, in allen Börsenversammlungen während ihrer ganzen Dauer anwesend zu sein.

Eine Beurlaubung vom Börsenbesuch, die beim Börsenvorstand zu beantragen ist, kann für eine Woche von diesem, für längere Zeit nach Anhörung der Maklerkammer von den Aeltesten der Kaufmannschaft bewilligt werden.

§. 21.

Die Kursmakler haben den Mitgliedern des Börsenvorstandes, die mit der Feststellung der im amtlichen Kurszettel der Berliner Börse zu notirenden Kurse und Preise beauftragt sind, alle hierzu von ihnen zu erfordernden Erklärungen nach bestem Wissen der Wahrheit gemäß abzugeben.

Ergeben sich Zweifel oder Differenzen über die Feststellung der Kurse oder Preise, so ist das die Feststellung leitende Mitglied des Börsenvorstandes befugt, eine ausdrückliche protokollarische Erklärung der Kursmakler über ihre Angaben auf ihren Amtseid zu fordern und nach seinem Ermessen auch später die Richtigkeit derselben durch Einsicht der Tagebücher der Kursmakler oder in anderer Weise zu prüfen. Insoweit hierbei die Vorlegung der Tagebücher gefordert wird, ist der Kursmakler befugt, die Namen der Kontrahenten zu verdecken.

§. 22.

Im übrigen regeln sich die Rechte und Pflichten der Kursmakler nach den Bestimmungen in §§. 30, 32, 33 und 34 Abs. 2 des Reichs-Börsengesetzes.*)

---

* Anmerkung: Die bezogenen Bestimmungen des Reichs-Börsengesetzes lauten:

§ 30. Zur Mitwirkung bei der amtlichen Festsetzung des Börsenpreises von Waaren und Werthpapieren sind Hilfspersonen (Kursmakler) zu ernennen. Sie müssen, so lange sie die Thätigkeit als Kursmakler ausüben, die Vermittelung von Börsengeschäften in den betreffenden Waaren oder Werthpapieren betreiben. Sie werden von der Landesregierung bestellt und entlassen und leisten vor Antritt ihrer Stellung den Eid, daß sie die ihnen obliegenden Pflichten getreu erfüllen werden.

Eine Vertretung der Kursmakler (Maklerkammer) ist bei der Bestellung neuer Kursmakler und bei Vertheilung

§. 23.

Zur Vornahme der nach den Bestimmungen des Handelsgesetzbuchs durch einen Handelsmakler zu bewirkenden Verkäufe sind die Kursmakler befugt.

§. 24.

Die Kursmakler müssen diejenigen Handelsgeschäfte, die sie nach Maßgabe des § 32 des Reichs-Börsengesetzes für eigene Rechnung oder in eigenem Namen abgeschlossen haben, sowie die von ihnen nach Maßgabe derselben Vorschrift für vermittelte

---

der Geschäfte unter die einzelnen Makler gutachtlich zu hören. Die näheren Bestimmungen über die Bestellung und Entlassung der Kursmakler und die Organisation ihrer Vertretung sowie über ihr Verhältniß zu den Staatskommissaren und den Börsenorganen werden von der Landesregierung erlassen.

§ 32. Die Kursmakler dürfen in den Geschäftszweigen, für welche sie bei der amtlichen Feststellung des Börsenpreises mitwirken, nur insoweit für eigene Rechnung oder in eigenem Namen Handelsgeschäfte schließen oder eine Bürgschaft für die von ihnen vermittelten Geschäfte übernehmen, als dies zur Ausführung der ihnen ertheilten Aufträge nöthig ist; die Landesregierung bestimmt, in welcher Weise die Beobachtung dieser Vorschrift zu überwachen ist. Die Gültigkeit der abgeschlossenen Geschäfte wird hierdurch nicht berührt.

Die Kursmakler dürfen, soweit nicht die Landesregierung Ausnahmen zuläßt, kein sonstiges Handelsgewerbe betreiben, auch nicht an einem solchen als Kommanditist oder stiller Gesellschafter betheiligt sein; ebenso wenig dürfen sie zu einem Kaufmann in dem

Geschäfte übernommenen Bürgschaften in ihren Tagebüchern täglich vor Vollziehung der Unterschrift übersichtlich zusammenstellen.

Geschäftsvertheilung.

§. 25.

Die Geschäftsvertheilung gemäß § 9b ist jährlich in der ersten Hälfte des Monats Dezember für das nächste Kalenderjahr vorzunehmen.

Sie kann auch im Laufe des Jahres nach Maßgabe der Bestimmungen des § 9b von der Makler-

---

Verhältniß eines Prokuristen, Handlungsbevollmächtigten oder Handlungsgehilfen stehen.

§ 33. Die im Art. 67 Abs. 2, im Art. 71 Abs. 1 und in den Art. 72 bis 74, 76, 79 bis 83 des Handelsgesetzbuchs enthaltenen Vorschriften finden auf die Kursmakler Anwendung.

Das von dem Kursmakler zu führende Tagebuch muß vor dem Gebrauche Blatt für Blatt mit fortlaufenden Zahlen bezeichnet und dem Börsenvorstande zur Beglaubigung der Zahl der Blätter vorgelegt werden.

Wenn ein Kursmakler stirbt oder aus dem Amte scheidet, ist sein Tagebuch bei dem Börsenvorstande niederzulegen.

§ 34, Abs. 2. Zur Vornahme der nach den Art. 311, 343, 348, 354, 357, 365, 366 und 387 des Handelsgesetzbuchs durch einen Handelsmakler zu bewirkenden Verkäufe sind auch die Kursmakler sowie die sonst zur Vornahme von Verkäufen der bezeichneten Art oder von Versteigerungen öffentlich ermächtigten Handelsmakler befugt.

kammer abgeändert werden, wenn die Zahl der Kursmakler sich verändert.

Der Staatskommissar und der Börsenvorstand sind jederzeit befugt, eine Aenderung der Geschäftsvertheilung zu beantragen.

Die über solche Anträge von der Maklerkammer zu fassenden Beschlüsse unterliegen dem Einspruch bei den Aeltesten der Kaufmannschaft gemäß § 9b.

Aufsicht und Disziplin.

§. 26.

Die Kursmakler unterstehen wie alle Börsenbesucher der Börsenleitung des Börsenvorstandes und dem Ehrengericht.

Die Aufsicht über die Kursmakler führt die Maklerkammer und der Staatskommissar.

Die Aeltesten der Kaufmannschaft sind befugt, zur Regelung des Geschäftsverkehrs der Kursmakler an der Börse Anordnungen zu treffen.

§. 27.

Der Staatskommissar und die Maklerkammer sind jederzeit befugt, in die Hand- und Tagebücher der Kursmakler Einsicht zu nehmen, um die Beobachtung der Vorschriften des §. 32 des Börsengesetzes und des vorstehenden §. 24 zu überwachen.

§. 28.

Die Maklerkammer ist berechtigt, für die amtliche Thätigkeit der Berliner Kursmakler Grundsätze und Regeln festzustellen, soweit nicht die Bestimmungen des Börsengesetzes, der Börsenordnung und der von der Landesregierung erlassenen Ausführungsbestimmungen entgegenstehen.

§. 29.

Ein Kursmakler, der die ihm als solchem obliegenden Pflichten bezw. die von der Maklerkammer aufgestellten Grundsätze und Regeln verletzt, unterliegt der Disziplinarbestrafung durch die Maklerkammer.

Disziplinarstrafen kommen insbesondere zur Anwendung, wenn ein Kursmakler ohne genügende Entschuldigung oder ohne Urlaub die Börsenversammlung oder die Festsetzung der Kurse oder Preise versäumt oder aus Fahrlässigkeit bei dieser Feststellung unrichtige Angaben macht.

§. 30.

Die Disziplinarstrafen sind:

a. Warnung,

b. Verweis,

c. Geldstrafe bis zu 500 Mark,

d. Zeitweise Versagung des Zutritts zu den Börsenversammlungen bis zur Dauer von drei Monaten.

§. 31.

Die Geldstrafen werden von dem Vorstand der Maklerkammer eingezogen und zu einem abgesonderten Fonds gesammelt, aus welchem der Vorstand Unterstützungen an Kursmakler oder deren Hinterbliebene gewähren kann.

Verfahren in Disziplinarsachen.

§. 32.

Beschwerden über die Amtsthätigkeit der Kursmakler können an den Staatskommissar, an den Börsenvorstand oder an die Maklerkammer gerichtet werden.

§. 33.

Die Maklerkammer beschließt über die Eröffnung des Verfahrens. Sie ist nicht zuständig in denjenigen Fällen, welche nach den §§. 9 bis 27 des Reichs-Börsengesetzes vor das Ehrengericht gehören.

§. 34.

Ist gegen einen Kursmakler ein ehrengerichtliches oder wegen einer strafbaren Handlung ein strafrechtliches Verfahren eingeleitet, so ist während der Dauer des ehrengerichtlichen oder Strafverfahrens wegen der nämlichen Thatsache das Disziplinarverfahren nicht zu eröffnen und ein bereits eröffnetes auszusetzen.

§. 35.

Zu den Disziplinarverhandlungen der Maklerkammer ist ein Syndikus der Aeltesten der Kaufmannschaft von Berlin und im Falle der Behinderung desselben ein anderer Rechtskundiger als Beirath der Kammer zuzuziehen.

Zur Fällung eines Urtheils ist die Anwesenheit von mindestens sieben Kammermitgliedern erforderlich.

§. 36.

Die Disziplinarverhandlungen sind nicht öffentlich.

§. 37.

Soweit in Vorstehendem keine Bestimmung getroffen ist, finden die Bestimmungen des Börsengesetzes über das Verfahren vor den Ehrengerichten (§§. 9—27) entsprechende Anwendung.

§. 38.

Der Staatskommissar hat dieselben Befugnisse wie im ehrengerichtlichen Verfahren. (§§. 9—27 a. a. O.)

§. 39.

Gegen die Entscheidung der Maklerkammer steht sowohl dem Staatskommissar als dem Beschuldigten binnen 14 Tagen die Beschwerde an die Aeltesten der Kaufmannschaft zu. Die Beschwerde hat aufschiebende Wirkung.

§. 40.

Dieser Erlaß tritt am 1. Januar 1897 in Kraft. Die Maklerkammer wird nach Maßgabe desselben schon im Dezember 1896 gebildet.

Berlin, den 4. Dezember 1896.

Der Minister für Handel und Gewerbe.
Brefeld.

Anlage V.

Börsen-Ordnung für Berlin.

Genehmigt durch Erlaß des Kgl. preußischen Ministers für Handel und Gewerbe vom 23. Dezember 1896*).

Deutscher Reichs-Anzeiger 1896 Nr. 309 v. 30. Dezbr. 1896.

I. Börsen-Aufsicht und Börsen-Leitung.

§. 1.

Die unmittelbare Aufsicht über die Börse zu Berlin steht den Aeltesten der Kaufmannschaft von Berlin zu.

Ihrer Aufsicht unterliegen auch die auf den Berliner Börsenverkehr bezüglichen Einrichtungen, insbesondere die Kündigungsbureaus, Liquidationskassen, Liquidationsvereine und ähnliche Anstalten Diese Anstalten haben ihre Statuten und die Abänderungen derselben, sowie die von ihnen zu erlassenden, auf den Börsenverkehr bezüglichen Reglements den Aeltesten der Kaufmannschaft von Berlin zur Genehmigung einzureichen.

§. 2.

Die Börsenleitung liegt dem Börsen-Vorstande ob. Derselbe besteht aus 32 Mitgliedern, von denen

*) Der gesperrte Druck hebt die auf Anordnung der Landesregierung aufgenommenen Bestimmungen und Abänderungen hervor.

24 von den an dem Börsenverkehr direkt theilnehmenden Mitgliedern der Korporation der Kaufmannschaft von Berlin aus deren Kreise und 8 von den Aeltesten der Kaufmannschaft von Berlin aus ihrer Mitte gewählt werden.

Die finanzielle Verwaltung der Börse steht nach Maßgabe des Korporations-Statuts den Aeltesten der Kaufmannschaft von Berlin zu, welche dem Börsen-Vorstande die für die Erledigung seiner Geschäfte erforderlichen Beamten überweisen.

§. 3.

Die Wahl der von den Korporationsmitgliedern zu wählenden Mitglieder des Börsen-Vorstandes erfolgt im Monat Dezember auf 3 Jahre mittelst relativer Stimmenmehrheit durch Stimmzettel, und zwar werden

1. 15 Mitglieder von den an dem Verkehr der Fondsbörse und
2. 9 Mitglieder von den an dem Verkehr der Produktenbörse

theilnehmenden Korporationsmitgliedern in getrennten Wahlgängen gewählt.

Von den auf diese Weise gewählten Korporations-Mitgliedern scheiden für die Fondsbörse jährlich 5, für die Produktenbörse jährlich 3 aus und werden durch neue Wahlen auf je 3 Jahre ersetzt. Die das erste und zweite Mal ausscheidenden Mitglieder werden durch das Loos bestimmt.

Die Wählerlisten werden auf Grund der Hebeliste für die Zuschlagsbeiträge der korporirten Börsenbesucher aufgestellt und in der Börsenregistratur acht Börsentage hindurch zur Einsicht ausgelegt. Der Tag, an welchem die Auslegung beginnt, ist durch Aushang in den Börsen-Sälen bekannt zu machen. Beschwerden über die Wählerliste, welche nach Ablauf der achttägigen Frist eingehen, haben keinen Anspruch auf Berücksichtigung.

Die Berufung der Wähler erfolgt durch eine von den Aeltesten der Kaufmannschaft von Berlin zu erlassende, den Wahlmodus angebende, öffentliche Bekanntmachung. Dieselbe muß mindestens während acht Börsentagen vor dem Wahltermine in den Sälen der Börse aushängen.

Die von den Aeltesten der Kaufmannschaft von Berlin aus ihrer Mitte zu entnehmenden Mitglieder des Börsen-Vorstandes,

3. in der Zahl von 5 für die Fondsbörse und

4. in der Zahl von 3 für die Produktenbörse,

werden im Monat Dezember auf ein Jahr gewählt.

§. 4.

Nach vollzogener Wahl konstituirt sich der Börsen-Vorstand für das folgende Kalenderjahr, indem er aus seiner Mitte einen Vorsitzenden und zwei Stellvertreter wählt. Der Vorsitzende und der erste Stellvertreter müssen Mitglieder des Aeltesten-Kollegiums sein.

§. 5.

Der Börsen-Vorstand besteht aus zwei Abtheilungen:

1. dem Vorstand der Fondsbörse, welchem die in §. 3 unter 1 und 3, und
2. dem Vorstand der Produktenbörse, welchem die in §. 3 unter 2 und 4 bezeichneten Mitglieder angehören.

Für die den Handel mit landwirthschaftlichen Produkten betreffenden Angelegenheiten treten zu dem Vorstande der Produktenbörse als weitere Mitglieder hinzu:

a) 5 Vertreter der Landwirthschaft und der landwirthschaftlichen Nebengewerbe, die der Minister für Landwirthschaft, Domänen und Forsten auf je 3 Jahre ernennt.

b) 2 Vertreter der Müllerei oder anderer zu dem Geschäftsverkehr an der Börse in Beziehung stehender Gewerbe, die der Minister für Handel und Gewerbe auf je 3 Jahre ernennt.

Der Vorstand der Fondsbörse sowohl, wie derjenige der Produktenbörse wählt alljährlich einen Vorsitzenden und zwei Stellvertreter. Der Vorsitzende und der erste Stellvertreter müssen Mitglieder des Aeltesten-Kollegiums sein.

Scheiden im Laufe der Wahlperiode gemäß §. 3 Abs. 1 gewählte Mitglieder aus, so ergänzt sich die betreffende Abtheilung des Börsen-Vorstandes bis zum Ablauf der Wahlperiode durch Zuwahl. Scheiden im Laufe der Wahlperiode gemäß §. 3 Abs. 5 gewählte Mitglieder aus, so werden die Ausscheidenden für die betreffende Abtheilung von den Aeltesten der Kaufmannschaft von Berlin aus ihrer Mitte ersetzt. Die auf diese Weise neu eintretenden Mitglieder werden gleichzeitig Mitglieder des Börsen-Vorstandes.

§. 6.

Dem Börsen-Vorstand liegt die Börsenleitung nach Maßgabe der gesetzlichen Bestimmungen ob. Insbesondere hat derselbe folgende Aufgaben:

1. er erläßt mit Genehmigung der Aeltesten der Kaufmannschaft von Berlin Bestimmungen über die äußere Regelung des Geschäftsverkehrs an der Börse;
2. er hat die Befolgung der in Bezug auf die Börse erlassenen Gesetze und Verwaltungsbestimmungen zu überwachen;
3. er beschließt über die Zulassung zum Börsenbesuche und über den Ausschluß von demselben;
4. er übt die Disziplinargewalt an der Börse aus;

5. er besorgt die amtliche Notirung der Börsenkurse und deren Veröffentlichung (§. 9);
6. er überwacht die von der Maklerkammer vorzunehmende Vertheilung der Geschäfte unter die Kursmakler nach Maaßgabe der in der Maklerordnung erlassenen Bestimmungen;
7. er übernimmt nach Maaßgabe der von den Aeltesten der Kaufmannschaft von Berlin zu erlassenden Geschäfts-Ordnung die bisher von der Sachverständigen-Kommission der Fondsbörse und der Ständigen Deputation der Produktenbörse ausgeübten Funktionen betreffend die Entscheidung von Streitigkeiten aus Geschäften an der Fonds- und Produktenbörse und betreffend die Vereinbarung und Aufhebung von Börsen-Geschäfts- und Börsen-Verkehrs-Bedingungen.

Gegen die Beschlüsse und Anordnungen des Börsen-Vorstandes und seiner Abtheilungen findet Beschwerde an die Aeltesten der Kaufmannschaft von Berlin statt; insofern dieselbe durch die Börsen-Ordnung nicht ausdrücklich ausgeschlossen ist.

§. 7.

Der Börsen-Vorstand und seine Abtheilungen können einzelne Mitglieder oder aus ihrer Mitte gebildete Kommissionen mit der Vorbereitung und Erledigung der Geschäfte betrauen.

§. 8.

Die Mitglieder des Börsen-Vorstandes haben für die Erhaltung und Handhabung der äußeren Ordnung, der Ruhe und des Anstandes in den Versammlungsräumen der Börse und den dazu gehörigen Nebenräumen zu sorgen.

Jedes gemäß § 3 gewählte Mitglied des Börsen-Vorstandes ist befugt, Börsenbesucher, welche die Ordnung, die Ruhe oder den Anstand an der Börse oder in den dazu gehörigen Nebenräumen verletzen oder der Anordnung eines Mitgliedes des Börsen-Vorstandes nicht ungesäumt Folge leisten, sofort und ohne Erörterung der Ursache von der Börse entfernen zu lassen. Das betreffende Mitglied des Börsen-Vorstandes muß in diesem Falle noch an demselben Tage dem Vorsitzenden des Börsen-Vorstandes schriftlichen Bericht erstatten.

Der Vorsitzende, oder in dessen Behinderung sein Stellvertreter, ist nach Anhörung des betreffenden Börsenbesuchers berechtigt, diesem den Zutritt zu den Börsen-Versammlungen bis zur Beendigung des nach §. 19 und 20 einzuleitenden Verfahrens zu versagen.

Zur Unterstützung des Börsen-Vorstandes bei der Aufrechterhaltung der Ordnung, der Ruhe und des Anstandes sind Börsenbeamte anzustellen, welche den Anordnungen der Mitglieder des Börsen-Vorstandes Folge zu leisten haben.

§. 9.

Die amtliche Feststellung der Kurse und Preise erfolgt namens des Börsen-Vorstandes durch ein Mitglied oder mehrere Mitglieder der betreffenden Abtheilung.

Bei der Preisfeststellung für landwirthschaftliche Produkte sind mindestens 2 der als Vertreter der Landwirthschaft, der landwirthschaftlichen Nebengewerbe oder anderer Berufszweige ernannten Mitglieder des Börsenvorstandes zur Mitwirkung zu berufen.

Die Leitung der Preisfeststellung ist immer einem der gemäß § 3 gewählten Mitglieder des Börsenvorstandes zu übertragen.

Bei Meinungsverschiedenheiten unter den mitwirkenden Mitgliedern des Börsenvorstandes entscheidet die Mehrheit. Bei Stimmengleichheit giebt die Stimme des die Preisfeststellung leitenden Vorstandsmitgliedes den Ausschlag.

Die Namen dieser Mitglieder und ihrer Stellvertreter sind von den Abtheilungen des Börsen-Vorstandes am Anfang des Monats durch einen bis zum Schluß desselben an Ort und Stelle verbleibenden Aushang in der Börse bekannt zu machen.

12*

§. 10.

Der Börsen-Vorstand bestellt aus seiner Mitte alljährlich eine Kommission zur Vorprüfung der Gesuche um Zulassung zum Börsenbesuch.

Diese Kommission fungirt zugleich als Untersuchungs-Kommission in Disziplinarsachen.

§. 11.

Der Börsen-Vorstand ist beschlußfähig, wenn 17, der Vorstand der Fondsbörse, wenn 11, der Vorstand der Produktenbörse, wenn 7 und in Angelegenheiten des Handels mit landwirthschaftlichen Produkten, wenn 9 Mitglieder, einschließlich des Vorsitzenden oder eines seiner Stellvertreter anwesend sind.

II. Geschäftszweige an der Berliner Börse.

§. 12.

Die Börse zu Berlin hat zum Zwecke die Erleichterung des Betriebes von Handelsgeschäften in:

1. Münzen und Edelmetallen, Banknoten, Papiergeld, Staats- oder anderen für den Handelsverkehr geeigneten Werthpapieren, Coupons und Dividendenscheinen, sowie in Wechseln, Checks, Anweisungen und Auszahlungen (Fondsbörse);
2. Getreide, Mehl, Braumalz, Stärke, Zucker, Saat, Rüböl, Petroleum, Spiritus, Holz und

anderen Produkten und Waaren (Produkten-börse).

Die Börsen-Versammlungen finden in dem der Korporation der Kaufmannschaft von Berlin gehörigen Börsengebäude statt. Bei künftig in diesem Versammlungsraume etwa eintretenden Hindernissen wird der Versammlungsort von den Aeltesten der Kaufmannschaft von Berlin mit Genehmigung der Landesregierung bestimmt und öffentlich bekannt gemacht.

III. Zulassung zum Börsenbesuch und Ausschluß von demselben.

§. 13.

Der Zutritt zu den Börsen-Versammlungen steht nur denjenigen Personen zu, welche vom Börsen-Vorstand eine Eintrittskarte erhalten haben.

Die Eintrittskarte ist nur für diejenige Person gültig, auf deren Namen sie lautet. Sie wird kostenfrei ertheilt an die Beamten der Korporation, sowie an alle diejenigen Personen, welche, ohne am Börsen- oder Kursmaklergeschäfte Theil zu nehmen, nach den bestehenden Vorschriften vermöge ihres Amtes den Börsenversammlungen beizuwohnen berechtigt oder verpflichtet sind. Die Höhe der Beiträge der übrigen Börsenbesucher wird von den Aeltesten der Kaufmannschaft von Berlin festgesetzt.

Telegraphische Depeschen, Rohrpostbriefe und Rohrpostkarten, welche in den Börsenräumen an Börsenbesucher zur Bestellung gelangen sollen, werden durch Börsendiener, welche diese Sendungen im Post- und Telegraphenamt der Börse in Empfang nehmen, an die Adressaten bestellt.

§. 14.

Die Eintrittskarte darf, insoweit nicht die in §. 18 aufgeführten Fälle vorliegen, nicht versagt werden denjenigen Personen, welche entweder

a) Mitglieder der Korporation der Kaufmannschaft von Berlin sind, oder

b) als Inhaber einer Handelsfirma, als Gesellschafter einer offenen Handelsgesellschaft, als Vorstandsmitglieder einer Aktiengesellschaft, als persönlich haftende Gesellschafter einer Kommanditgesellschaft oder Kommanditgesellschaft auf Aktien, als Geschäftsführer einer Gesellschaft mit beschränkter Haftung oder als Prokuristen einer der vorgedachten Firmen oder Gesellschaften in das Handelsregister oder als Vorsteher einer eingetragenen Genossenschaft in das Genossenschaftsregister Berlins oder eines seiner Vororte eingetragen sind, oder

c) als Handlungsgehülfen bei einer der unter a oder b bezeichneten Personen oder Firmen im Dienste stehen und deren Zulassung zum

Börsenbesuche durch den Prinzipal beantragt wird, oder

d) vermöge ihrer Amts- oder Dienstpflicht die Börse zu besuchen haben.

Handlungsgehülfen ist der Eintritt in die Börse nur insoweit zu gestatten, als sie von ihren Prinzipalen mit der Ausführung der Börsengeschäfte derselben oder mit der Hülfeleistung dabei betraut sind. Sie dürfen an der Börse nur Geschäfte auf den Namen ihrer Prinzipale und für dieselben abschließen.

§. 15.

Die Einlaßkarte darf nach dem Ermessen des Börsen-Vorstandes ertheilt und wieder entzogen werden:

a) den in §. 14a und b aufgeführten Personen, welche nicht in Berlin oder seinen Vororten wohnhaft sind (Fremden),

b) solchen Personen, welche ein dem Börsenhandel dienendes Hülfsgewerbe betreiben,

c) Berichterstattern der Presse.

Die Einlaßkarte ist den unter a—c bezeichneten Personen insbesondere dann zu entziehen, wenn sie gewerbemäßig an der Börse Geschäfte abschließen.

Finden sich an der Börse Personen zu Zwecken ein, welche mit der Ordnung oder dem Geschäftsverkehr an derselben unvereinbar sind, so ist ihnen der Zutritt zu untersagen.

Für Personen, welche nicht in Berlin oder dessen Vororten wohnen, kann durch Beschluß der Aeltesten der Kaufmannschaft von Berlin für jeden einzelnen Besuch der Börsen-Versammlungen ein Eintrittsgeld erhoben werden.

Diese Personen dürfen, auch ohne Ertheilung einer Eintrittskarte, jedoch höchstens monatlich drei Mal durch Korporationsmitglieder in die Börse eingeführt werden, nachdem die Namen des Einführenden und des Einzuführenden in das am Eingang zu den Börsensälen ausliegende Fremdenbuch eingetragen sind.

§. 16.

Der Antrag auf Zulassung zum Besuche der Börse ist schriftlich zu stellen und muß von drei Gewährsmännern, welche seit mindestens 2 Jahren ununterbrochen zum Besuche der Berliner Börse zugelassen sind, unterstützt werden.

§. 17.

Nach Eingang des Antrages ist derselbe mit Namhaftmachung der Gewährsmänner durch Aushang an der Börse während einer Woche zur Kenntniß der Börsenbesucher zu bringen. Nach Ablauf dieser Frist entscheidet der Börsen-Vorstand nach Anhörung der Aufnahmekommission über den Antrag, nachdem die Gewährsmänner zu Protokoll erklärt haben, daß sie nach sorgfältiger Prüfung den Aufzunehmenden für einen Mann halten, welcher der Zulassung zum Besuche der Börse und der Achtung seiner Berufsgenossen würdig ist.

Wird der Antrag auf Zulassung endgültig abgelehnt, so darf derselbe innerhalb 6 Monaten nach der Ablehnung nicht wiederholt werden.

Wird gegen ein Mitglied der Börse auf Ausschließung von derselben auf die Dauer von 3 Monaten oder länger erkannt, so ist zugleich seitens des Börsen-Vorstandes zu prüfen, ob der Gewährsmann bei der Empfehlung Thatsachen gekannt hat, oder bei ernster Erfüllung der ihm durch die Empfehlung auferlegten Pflicht hätte kennen müssen, wonach der Ausgeschlossene der Zulassung zum Börsenbesuche und der Achtung seiner Berufsgenossen unwerth gewesen. Ist dies der Fall, so kann gegen den Gewährsmann zeitweise oder dauernd auf Absprechung des Rechts, als Gewährsmann zu fungiren, erkannt und dieses Erkenntniß durch Aushang an der Börse veröffentlicht werden. Ein Verfahren gegen den Gewährsmann tritt nicht ein, wenn zwischen der Gewährschaft und der Ausschließung mehr als 3 Jahre liegen.

§. 18.

Vom Börsenbesuche sind ausgeschlossen:

1. Personen weiblichen Geschlechts und Minderjährige;
2. Personen, welche sich nicht im Besitze der bürgerlichen Ehrenrechte befinden;

3. Personen, welche in Folge gerichtlicher Anordnung in der Verfügung über ihr Vermögen beschränkt sind;
4. Personen, welche wegen betrüglichen Bankerutts rechtskräftig verurtheilt sind;
5. Personen, welche wegen einfachen Bankerutts rechtskräftig verurtheilt sind;
6. Personen, welche sich im Zustand der Zahlungsunfähigkeit befinden. Der Zustand der Zahlungsunfähigkeit gilt bei einem Börsenbesucher bereits dann für eingetreten, wenn er seinen Gläubigern Vergleichsvorschläge macht oder wenn er eine liquide und fällige Schuldverbindlichkeit unberichtigt gelassen hat;
7. Personen, gegen welche durch rechtskräftige oder für sofort wirksam erklärte ehrengerichtliche Entscheidung auf Ausschließung von dem Besuche einer Börse erkannt ist.

Die Zulassung oder Wiederzulassung zum Börsenbesuche kann in den Fällen unter 2 und 3 nicht vor der Beseitigung des Ausschließungsgrundes, in dem Falle unter 5 nicht vor Ablauf von sechs Monaten, nachdem die Strafe verbüßt, verjährt oder erlassen ist, erfolgen; sie darf in dem letzteren Falle und ebenso in dem Falle unter 6 nur stattfinden, wenn der Börsen-Vorstand durch die vorgelegten Handelsbücher den Nachweis für geführt erachtet, daß die Schuldverhältnisse sämmtlichen Gläubigern gegenüber durch Zahlung, Erlaß oder Stundung geregelt sind. Einer Person, welche im Wiederholungsfalle in Zahlungsunfähigkeit oder in Konkurs gerathen ist, muß die Zulassung oder Wiederzulassung mindestens für die Dauer eines Jahres verweigert werden. In dem Falle unter 4 ist der Ausschluß ein dauernder.

Tritt einer der zu 2—7 gedachten Fälle erst nach der Zulassung ein, so erfolgt die Ausschließung mittelst eines schriftlich auszufertigenden Beschlusses des Börsen-Vorstandes.

§. 19.

Von dem Besuche der Börsen-Versammlungen sind ferner mittelst schriftlich auszufertigenden Beschlusses des Börsen-Vorstandes auszuschließen:

Diejenigen, welche in den Börsensälen oder den zugehörigen Nebenräumen von dem Zeitpunkte der Oeffnung bis zu dem der Schließung der Eingangsthüren sich einer der nachstehend bezeichneten Handlungen schuldig machen:

a) der Beleidigung eines anderen Börsenbesuchers oder eines Beamten der Korporation;

b) der Erregung von Lärm, der Verletzung des Anstandes, der Störung der Ordnung oder des Geschäftsverkehrs an der Börse, oder der Zuwiderhandlung gegen eine Anordnung eines Mitgliedes des Börsen-Vorstandes, ferner

c) diejenigen, welche einer nach 3 Uhr erlassenen Aufforderung des Börsendieners zum Verlassen der Börse nicht Folge geleistet haben.

Die Ausschließungsfrist ist auf mindestens 3 Tage bis höchstens ein Jahr zu bestimmen. Statt der Ausschließung ist gegen Personen, welche die Ordnung oder den Geschäftsverkehr an der Börse gestört haben, die Verhängung einer Geldstrafe von mindestens 50 bis höchstens 1500 Mark zulässig. Die auf Grund dieser Strafen eingehenden Gelder fließen in die Unterstützungskasse der Korporation der Kaufmannschaft von Berlin.

Die Ausschließung von der Börse und die Verhängung einer Geldstrafe sind durch 14tägigen Aushang an der Börse bekannt zu machen.

Gegen die Verhängung der Strafen findet innerhalb einer Frist von 14 Tagen nach Zustellung des Beschlusses die Beschwerde an die Aeltesten der Kaufmannschaft von Berlin statt; dieselbe hat aufschiebende Wirkung.

§. 20.

Vor Festsetzung eines Strafbeschlusses wird der Beschuldigte vor der Untersuchungs-Kommission (§ 10) und einem Syndikus der Korporation mit seiner Vertheidigung gehört.

Erscheint er auf schriftliche Vorladung nicht, so wird gegen ihn nach Lage der Akten verfahren. An denjenigen, dessen Aufenthalt nicht bekannt ist, gilt die Vorladung und die Mittheilung des Beschlusses für rechtsverbindlich bewirkt, wenn dieselben während acht Börsentagen an der Börse ausgehangen haben.

§. 21.

Für die Berliner Börse wird ein Ehrengericht gebildet. Dasselbe besteht:

1. aus 5 Mitgliedern des Aeltesten-Kollegiums, welche von letzterem auf drei Jahre gewählt und im Falle Ausscheidens eines Mitgliedes für diesen Zeitraum ergänzt werden, und
2. einem Syndikus der Korporation mit berathender Stimme.

Hinsichtlich der Zuständigkeit des Ehrengerichtsgerichts und des bei demselben zu beobachtenden Verfahrens gelten die §§. 10—28 des Börsengesetzes.

IV. Zulassungs-Stelle.

§. 22.

Die Zulassung von Werthpapieren zum Börsenhandel erfolgt durch eine Kommission von 22 Mitgliedern (Zulassungsstelle), von welchen mindestens 11 Mitglieder nicht ins Börsenregister für Werthpapiere eingetragen sind.

Die Ernennung der Mitglieder erfolgt auf die Dauer von drei Jahren durch die Aeltesten der Kaufmannschaft von Berlin, welche auch die Geschäftsordnung der Zulassungsstelle festsetzen.

Von der Berathung und Beschlußfassung über die Zulassung eines Werthpapiers zum Börsenhandel sind diejenigen Mitglieder ausgeschlossen, welche an der Einführung dieses Werthpapiers in den Börsenhandel betheiligt sind. Diese haben dem Vorsitzenden der Zulassungsstelle von ihrer Behinhinderung rechtzeitig Kenntniß zu geben. An ihrer Stelle werden Stellvertreter berufen; zu diesem Zwecke werden 8 Stellvertreter auf die Dauer von 3 Jahren gewählt.

Die Zulassungsstelle ist beschlußfähig, wenn 9 Mitglieder oder Stellvertreter anwesend sind, von denen mindestens 5 nicht im Börsenregister für Werthpapiere eingetragen sind.

§. 23.

Die Zulassungsstelle hat nach Maßgabe des Börsengesetzes und der dazu ergehenden Ausführungsbestimmungen die Aufgabe und die Pflicht:

a) die Vorlegung der Urkunden, welche die Grundlage für die zu emittirenden Werthpapiere bilden, zu verlangen und diese Urkunden zu prüfen;

b) dafür zu sorgen, daß das Publikum über alle zur Beurtheilung der zu emittirenden Werthpapiere nothwendigen thatsächlichen und rechtlichen Verhältnisse soweit als möglich informirt wird und bei Unvollständigkeit der Angaben die Emission nicht zuzulassen;

c) Emissionen nicht zuzulassen, durch welche erhebliche allgemeine Interessen geschädigt werden oder welche offenbar zu einer Uebervortheilung des Publikums führen.

Die Zulassungsstelle darf die Emission ohne Angabe von Gründen ablehnen.

Die Zulassungsstelle ist befugt, zum Börsenhandel zugelassene Werthpapiere von demselben auszuschließen.

Die Zulassung deutscher Reichs- und Staats-Anleihen darf nicht versagt werden.

Gegen die Entscheidung der Zulassungsstelle findet binnen 14 Tagen nach Bekanntgabe des Beschlusses die Beschwerde an die Aeltesten der Kaufmannschaft von Berlin statt.

§. 24.

Nach Einreichung des Antrages auf Zulassung von Werthpapieren ist derselbe von der Zulassungsstelle unter Bezeichnung der Einführungsfirma, des Betrages sowie der Art der einzuführenden Werthpapiere zu veröffentlichen. Zwischen dieser Veröffentlichung und der Einführung an der Börse muß eine Frist von mindestens sechs Tagen liegen.

Vor der Zulassung ist, sofern es sich nicht um Deutsche Reichs- oder Staats-Anleihen handelt, ein Prospekt zu veröffentlichen, welcher die für die Beurtheilung des Werthes der einzuführenden Papiere wesentlichen Angaben enthält. Das Gleiche gilt für Konvertirungen und Kapitalserhöhungen. Der Prospekt muß den Betrag, welcher in den Verkehr gebracht, sowie den Betrag, welcher vorläufig vom Verkehr ausgeschlossen werden soll, und die Zeit, für welche dieser Ausschluß erfolgen soll, ersichtlich machen.

§. 25.

Wird von der Zulassungsstelle der Antrag auf Zulassung von Werthpapieren zum Börsenhandel abgelehnt, so hat die Zulassungsstelle den Vorständen der übrigen deutschen Börsen für Werthpapiere Mittheilung zu machen. Dabei ist anzugeben, ob die Ablehnung mit Rücksicht auf örtliche Verhältnisse oder aus anderen Gründen erfolgt ist.

Von dem Erfolge einer etwaigen Beschwerde gegen einen Beschluß der Zulassungsstelle ist den Vorständen der übrigen deutschen Börsen für Werthpapiere Kenntniß zu geben.

Der Antragsteller hat anzugeben, ob das Gesuch um Zulassung bereits bei einer anderen Börse eingereicht ist oder gleichzeitig eingereicht wird. Ist dies der Fall, so sollen die Werthpapiere nur mit Zustimmung der anderen Zulassungsstelle zugelassen werden.

§. 25a.

Ein Antrag auf Zulassung solcher Werthpapiere zum Börsenhandel, die gemäß §. 38

Abs. 2 des Börsengesetzes vom 22. Juni 1896 vom Prospektzwang entbunden sind, darf nicht deshalb abgelehnt werden, weil der Antragsteller nicht zu den Besuchern der Börse gehört oder nicht in Berlin wohnt.

§. 26.

Ueber die Zulassung von Werthpapieren zum Börsen-Terminhandel entscheidet nach Maaßgabe der Bestimmungen des Börsengesetzes der Vorstand der Fondsbörse, über die Zulassung von Waaren der Vorstand der Produktenbörse.

Der letztere ist verpflichtet, vor der Zulassung von Waaren zum Börsen-Terminhandel in jedem einzelnen Falle Vertreter der betheiligten Erwerbszweige gutachtlich zu hören und das Ergebniß dem Reichskanzler mitzutheilen. Die Zulassung darf erst erfolgen, nachdem der Reichskanzler erklärt hat, daß er zu weiteren Ermittelungen keine Veranlassung finde.

Anträge auf Zulassung von Werthpapieren zum Börsenterminhandel sind, soweit sie nicht zurückgewiesen werden, mindestens 14 Tage vor der Beschlußfassung durch Aushang an der Börse und Veröffentlichung in der Presse bekannt zu machen. Die Zulassung setzt voraus, daß bereits während eines längeren Zeitraums ein regelmäßiger Handel in dem

Werthpapiere stattgefunden hat. Die Prüfung hat sich über diese Voraussetzung hinaus auch darauf zu erstrecken, ob dem Interesse des Börsenhandels an der Zulassung andere erhebliche wirthschaftliche Bedenken entgegenstehen.

Vor der Zulassung ist der Vorstand des Unternehmens, um dessen Werthpapiere es sich handelt, über den Antrag zu hören.

Die ergehenden Beschlüsse sind dem Minister für Handel und Gewerbe einzureichen.

Die erfolgte Zulassung kann wegen Aufhörens eines erheblichen Börsentermingeschäfts sowie aus wichtigen anderen Gründen jederzeit von dem Börsenvorstande zurückgenommen werden.

V. Feststellung der Börsenpreise.

§. 27.

Die amtliche Feststellung der Börsenpreise für Edelmetalle, Wechsel und Werthpapiere (§. 12 No. 1) sowie für Produkte und Waaren (§. 12 No. 2) geschieht durch die Abtheilungen des Börsen-Vorstandes oder die von denselben bestimmten Mitglieder derselben (§. 9). Sie erfolgt:

1. für Werthpapiere und Geldsorten an einem jeden Börsentage;

2. für Wechsel auf ausländische Plätze mindestens dreimal wöchentlich;
3. für Getreide, Spiritus, Oel, Oelsaaten, Petroleum, Mehl und Kartoffelstärke an einem jeden Börsentage; außerdem werden am letzten Börsentage jeden Monats die Durchschnittspreise der an dem gedachten Tage über Lieferung auf laufenden Monat an der Produktenbörse geschlossenen Geschäfte festgestellt.

Aenderungen dieser Vorschriften werden mit Genehmigung der Aeltesten der Kaufmannschaft von Berlin von dem Börsen-Vorstande oder seinen Abtheilungen angeordnet und bekannt gemacht.

Findet an einem für die Kurs- und Preisfeststellung bestimmten Wochentage keine Börsenversammlung statt, so erfolgt die Feststellung am nächstvorhergehenden Tage.

§. 28.

Bei Geschäften in Waaren oder Werthpapieren kann ein Anspruch auf Berücksichtigung bei der amtlichen Feststellung des Börsenpreises nur erhoben werden, wenn sie durch Vermittlung eines Kursmaklers geschlossen sind. Die Berechtigung der Mitglieder des Börsen-Vorstandes, auch andere Geschäfte zu berücksichtigen, bleibt hierdurch unberührt.

§. 29.

Als Börsenpreis ist derjenige Preis festzusetzen, welcher der wirklichen Geschäftslage des Verkehrs an der Börse entspricht.

Die amtliche Feststellung der Kurse und der Preise geschieht unmittelbar nach 2 Uhr in den dazu bestimmten Räumen. Dort haben die Kursmakler, die in den betreffenden Werthpapieren oder Waaren Geschäfte vermitteln, an denjenigen Tagen, an denen für ihren Geschäftszweig Kurse oder Preise festzustellen sind, pünktlich um 2 Uhr zu erscheinen und anwesend zu bleiben, bis sie von den amtirenden Mitgliedern des Börsen-Vorstandes entlassen werden.

Diese sind berechtigt, von den Kursmaklern wahrheitsgetreue und nach dem Ermessen der ersteren ausdrücklich auf ihren Amtseid zu nehmende Auskunft zu fordern, zu welchen Kursen und Preisen in Effektiv- und Kassa- sowie in Zeitgeschäften Waaren, Werthpapiere, Geldsorten und Wechsel gefordert oder angeboten und zu welchen Kursen und Preisen und über welche Quantitäten Geschäfte abgeschlossen sind.

Die Kursmakler sind auch verpflichtet, dem die Feststellung der Preise leitenden Mitgliede des Börsenvorstandes nach Maßgabe der Maklerordnung, Einsicht in ihre Bücher zu gestatten, und ihm auf Erfordern gutachtlich Auskunft über die festzustellenden Kurse und

Preise zu geben. Die Entscheidung über die Höhe des amtlich festzustellenden Kurses oder Preises steht den Mitgliedern des Börsen-Vorstandes allein zu, und es bleibt ihnen überlassen, auf welchem Wege sie sich die zu ihrer Entscheidung erforderliche Information, abgesehen von den Angaben der Kursmakler, sonst noch verschaffen wollen.

§. 29a.

In den zur Veröffentlichung gelangenden amtlichen Preisnotirungen sind die bei den verschiedenen Getreidegattungen (Weizen, Roggen, Gerste u. a. m.) nach Lage des Geschäftsverkehrs an der Börse hauptsächlich in Betracht kommenden Sorten nach Ursprung (Provenienz) Gattung, Qualitätsgewicht, Beschaffenheit (Farbe, Trockenheit, Geruch) und Erntezeit (alte oder neue Ernte) zu bezeichnen. Die Bestimmung über die hiernach in Betracht kommenden Sorten bleibt dem Minister für Handel und Gewerbe nach Anhörung des Vorstandes der Produktenbörse vorbehalten. Bis zum Erlaß dieser Bestimmung erfolgt die Notirung nach bestem Ermessen des Börsenvorstandes.

§. 29b.

Für jede einzelne der gemäß §. 29a zur Notirung gelangenden Getreidesorten sind außer dem höchsten und niedrigsten Preise, der dafür bezahlt worden ist, soweit möglich die gehandelten Mengen zu notiren.

§. 29c.

Hat in einzelnen der gemäß der Bestimmung in §. 29a in Betracht kommenden Sorten kein Umsatz stattgefunden, so ist dies in der Kursnotiz zum Ausdruck zu bringen.

§. 29d.

Insoweit Getreidegeschäfte keine derjenigen Sorten betreffen, für die eine besondere Notirung des Börsenpreises stattfindet, so ist wenigstens zwischen inländischer und ausländischer Provenienz soweit möglich zu unterscheiden, z. B. „sonstiger ausländischer Weizen".

§. 29e.

Die Notirung eines wirklich gezahlten Preises darf nicht aus dem Grunde allein unterlassen werden, weil er der allgemeinen Lage des Geschäftsverkehrs nicht entspricht. Es ist aber zulässig, durch einen kurzen Zusatz auf etwaige besondere Verhältnisse hinzuweisen, welche die Abweichung von der allgemeinen Preislage erklären.

§. 29f.

Nur die wirklich gezahlten Preise dürfen notirt werden. Die Notirung eines auf bloßer Schätzung beruhenden Preises ist unzulässig.

§. 30.

Die Protokolle über Feststellung der Kurse und der Preise sind von Börsen-Sekretären zu führen.

Die Mitglieder des Börsen-Vorstandes haben diejenigen, die sich unbefugter Weise bei der Feststellung und Protokollirung der Kurse und Preise einfinden, sofort entfernen zu lassen und die zur Erhaltung der Ruhe und Ordnung erforderlichen Anordnungen zu treffen.

§. 31.

Der amtliche Kurszettel für Werthpapiere, Geldsorten und Wechsel, sowie der amtliche Preis-Courant für Waaren, welcher mit dem nach §. 30 aufzunehmenden Protokoll genau übereinstimmen muß, wird sofort nach geschehener Feststellung der im §. 29 gedachten Börsenkurse und Börsenpreise gedruckt, zur Beglaubigung mit dem Stempel der Korporation der Kaufmannschaft von Berlin und demjenigen der betreffenden Abtheilung des Börsen-Vorstandes, sowie mit der Ueberschrift „Börse zu Berlin" versehen, und noch an demselben Nachmittag ausgegeben. Dem amtlichen Kurszettel wird ein nichtamtlicher Theil hinzugefügt, in welchem solche Werthpapiere Aufnahme finden, welche zwar zum Börsenhandel zugelassen sind, bezüglich deren sich aber erst aus der Erfahrung ergeben muß, ob sie geeignet erscheinen, dem amtlichen Theil dauernd einverleibt zu werden.

Ob und in welcher Weise noch außerdem amtliche Bekanntmachungen über festgestellte Kurse und Preise von einer Abtheilung des Börsen-Vorstandes zu erlassen sind, bestimmt diese selbst nach den Bedürfnissen des Verkehrs.

VI. Allgemeine Ordnungsvorschriften.

§. 32.

Die Börsen-Versammlungen finden täglich, mit Ausnahme der Sonn- und Festtage, von Mittags 12 Uhr bis Nachmittags 2 Uhr statt. Behufs Erledigung der Arbeiten, welche aus den abgeschlossenen Geschäften sich ergeben, bleibt die Börse bis 3 Uhr geöffnet.

Sollte die Festsetzung einer anderen Börsenzeit im Interesse des Handels nöthig werden, so erfolgt diese durch Beschluß des Börsen-Vorstandes, welcher der Genehmigung der Aeltesten der Kaufmannschaft von Berlin unterliegt. Dieser Beschluß tritt in Kraft, nachdem er mindestens während acht Börsentagen an der Börse ausgehangen hat und durch dreimalige Insertion in wenigstens vier Berliner Zeitungen bekannt gemacht ist. Bei außerordentlichen Veranlassungen, wie allgemeinen Festlichkeiten, Wahltagen ꝛc., ist der Börsen-Vorstand befugt, einzelne Börsen-Versammlungen ausfallen zu lassen.

§. 33.

Der Anfang und das Ende einer jeden Börsen-Versammlung wird durch ein Glockenzeichen kundgemacht. Nach 3 Uhr ist keinem Börsenbesucher der Aufenthalt in der Börse mehr gestattet.

Ist usancemäßig die Zulässigkeit der Kündigungen oder die Abgabe von Erklärungen von der Innehaltung einer gewissen in die Zeit der Börsen-Versammlung fallenden Frist abhängig, so kann auf Anordnung einer Abtheilung des Börsen-Vorstandes der Ablauf dieser Frist durch ein Glockenzeichen verkündet werden.

§. 34.

Bekanntmachungen werden durch Aushang im Börsenlokal bewirkt.

Außer den Bekanntmachungen der Aeltesten der Kaufmannschaft von Berlin, des Börsen-Vorstandes und seiner Abtheilungen und der Zulassungsstelle können auf diese Weise auch andere amtliche und private Bekanntmachungen veröffentlicht werden.

Amtliche Bekanntmachungen werden auf Ersuchen der betreffenden Behörde in der angegebenen Form veröffentlicht. Daß dies geschehen, wird demnächst von einem Börsenbeamten bescheinigt.

Der Aushang von privaten Bekanntmachungen erfolgt nur dann, wenn eine Abtheilung des Börsen-Vorstandes dieselben nach Form und Inhalt zur Publikation geeignet und dem Zwecke des Börsenverkehrs oder dem Interesse des Handelsstandes entsprechend findet.

§. 35.

Von allen Sitzungen des Börsen-Vorstandes und seiner Abtheilungen, der Zulassungsstelle und der Maklerkammer ist dem Staats-Kommissar Kenntniß zu geben.

§. 36.

Vorstehende Börsen-Ordnung tritt am 1. Januar 1897 in Kraft. Die erste Wahl des Börsenvorstandes kann bereits im Dezember 1896 erfolgen; die Fristbestimmungen des § 3 Abs. 3 und 4 finden auf die erste Wahl keine Anwendung.

Sachregister.

(Die Ziffern bedeuten die Seiten.)

A.

B.

C.

D.

E.

F.

G.

H.

J.

K.

L.

M.

N.

O.

P.

R.

S.

T.

U.

V.

W.

Z.

Dobrzynski & Walter, Berlin S, Kommandanten-Straße 44a.

Kolibri 360 GmbH
Ferdinand-Jühlke-Straße 7
99095 Erfurt, Deutschland
produktsicherheit@kolibri360.de